AF167436

Huber

Inhalt

So fing es an.

Mein Name ist Horst Lux, persönlicher Berater und Vertrauter des Eigentümers von unzähligen Hendlständen, Restaurants und Gaststätten. Praktisch die rechte Hand des Chefs. Also vom Hendlhuber. Eigentlich Georg, oder auch Schorsch Huber. Alle kennen ihn als Hendlhuber. Schließlich steht auf jedem seiner Hendlmobile, „Die knusprigsten Mistkratzer nur beim Hendlhuber." Deswegen nennt man ihn halt so. Der Huber schaut nicht nur ungefähr wie Danny de Vito aus, sondern bewegt sich auch ähnlich. Allerdings ist er zehn Zentimeter größer als dieser. Jedermann kennt ihn. Hat immer eine Blondine über 1,80 dabei – sein Wahlspruch – lieber eine Blondine an der Hand, als eine Schwarzer unterm Dach. Neben scharfen Frauen interessiert er sich hauptsächlich für scharfe Autos.

Q

Wie kam ich nun zu meinem Job und diesem Chef? Es war reiner Zufall.
1999 hatte der ehemals zum Fensterputzer ausgebildete Georg Huber eine kleine Erbschaft angetreten. Mit den 30.000 DM daraus kaufte er einen, kurz darauf einen zweiten, gebrauchten VW-Bus. Gleichzeitig meldete er ein Gewerbe als Rohbaureinigungsfirma an. Über Verbindungen die er aufgrund seiner bisherigen beruflichen Laufbahn hatte, kam er auch schnell an Aufträge auf Großbaustellen in München. Er belieferte diese mit Hilfsarbeitern die er jeden Tag mit seinen Fahrzeugen beim Arbeitsamt abholte, auf die Baustellen brachte und abends auszahlte.

Eines Morgens wurde ich auf dem Arbeitsamt von ihm angesprochen. Ich hatte damals gerade ein Studium der Betriebswirtschaft geschmissen und suchte eine Gelegenheitsarbeit. Irgendwie war ich ihm anscheinend sympathisch. Er merkte sofort, dass ich kein typischer Arbeiter war und erkundigte sich nach meiner Ausbildung.

„Jemand wie sie suche ich schon lange. Groß gewachsen, ich würde sagen um die 1,90, gut aussehend, sportlich und sicherlich auch noch intelligent. Sie haben zweifellos eine gute Zukunftsperspektive. Und die können sie bei mir realisieren. Aber Klartext. Ich komme einfach mit meiner Buchhaltung nicht zurecht. Wären sie interessiert an einer festen Beschäftigung?"

„Kommt darauf an?"

„Mit der Bezahlung werden sie zufrieden sein. Sie sind mein Mann, basta!"

War ich dann auch und bin es heute noch. Die Entlohnung war in der Folge immer höher als wenn ich mein Studium zu Ende gebracht und eine gute Anstellung bekommen hätte.

Q

Mein Aufstieg in der Firma begann damit, dass ich zuerst Fahrer eines VW-Busses wurde. Das hieß Arbeiter für unser Subunternehmen morgens vom Arbeitsamt oder vereinbarten Treffpunkten auf die Baustellen fahren und abends wieder abholen und auszahlen. Zwischen diesen Fahrten befasste ich mich mit der zweifellos desolaten Buchhaltung Hubers. Schnell wurde mir klar, dass das auf die Baustellen gelieferte Arbeitsvolumen nicht mit den Zahlungseingängen in Einklang zu bringen war. Ich sprach darauf meinen Chef an, der mir erwiderte,

„entweder man macht etwas g'scheit oder richtig."
Darauf konnte ich mir keinen Reim machen.
„Damit du's kapierst", er duzte mich inzwischen, „ab morgen machen wir learning by doing."
Das wirkte sich so aus, dass ich ab dem nächsten Tag nicht nur die Arbeiter sondern auch die Poliere entlohnen durfte. Das System war einfach. Es wurden fünf Arbeiter geliefert, der Polier quittierte aber zwanzig. Abends wurde ihm der Lohn für fünf Arbeiter ausgezahlt, unsere Firma stellte zwanzig Arbeiter in Rechnung. Also zehn Netto Reingewinn. Meine Kenntnis und Duldung dieser Praxis brachte mir eine nicht unerhebliche, steuerfreie Gehaltssteigerung ein.
Das Geschäft expandierte. 2002 hatte Huber 150 Beschäftigte die in Baracken untergebracht waren welche ihm gehörten. An den Mieten verdiente er nochmal. Inzwischen kümmerte ich mich nur noch um die Buchhaltung schob eine ruhige Kugel und lebte wie die Made im Speck.
Huber ging es auch nicht schlecht. Er besaß eine Villa in Grünwald und eine an der Adria. Dort lag auch seine Motoryacht.
Neben Blondinen über 1,80 m hatte er schon damals ein Faible für schnelle Autos. Ein Grundsatz bei ihm. Zur Sicherheit alles doppelt haben. Zwei Häuser, zwei Frauen, zwei Autos, zwei Handys und so weiter.
Die Häuser in Grünwald und an der Adria. Die Blondinen Rosi und Sigi. Zwei Nokia Handys und zwei VW Beetles.
Einer dieser Beetles war ein ganz normaler und als solcher auch zugelassen. Der andere Beetle dagegen eigentlich eine Viper. Also innerlich. Äußerlich nach wie vor ein Beetle. Den hatte ihm ein Spezl zusammengebaut.

Ein brutal scharfes Ding, das nur für besondere Ausfahrten, hauptsächlich mit Blondinen, in Frage kam. Mit seinen 500 PS und 300 Spitze damals der schnellste Beetle auf deutschen Straßen.

Eines Tages war Schorsch mit seiner Rosi unterwegs. Nach ein paar Maß im Tegernseer Bräustüberl gingen sie zum Wagen. Beim Einsteigen hat seine Liebste dann vor dem Biergarten ihr Fahrgestell, tiefe Einblicke gewährend, langsam in den Beetle bugsiert und Schorsch danach mit einem absolut gemeinen Brüller des Motors diesen gestartet. Bei den einheimischen Gästen stellten sich die Gamsbärte auf ihren Hüten erst steil auf um dann durch den Auspuffdruck schlagartig flachgelegt zu werden.
Mit einem gewaltigen Powerslide und großem Gummiverlust sind sie dann mit ihrem Gefährt vom Parkplatz geschlittert – Richtung Autobahn München. Auf Höhe Hofoldinger Forst wurde Schorsch in einer Baustelle, erlaubt 80 km/h, mit 260 km/h geblitzt.
Die Polizei rätselt wahrscheinlich heute noch darüber was damals auf dem Beweisfoto zu sehen war. Zu erkennen waren zwei Personen auf dem Fahrersitz. Ein Kopf in Fahrtrichtung, der andere entgegengesetzt. Die Gesichter der Fahrgäste waren nicht zu identifizieren, da sie sich gegenseitig verdeckten. Das ganze bei Tempo 260! Die Exekutive nahm bei Schorsch Ermittlungen auf. Dort stieß sie auf das nächste Rätsel. Wie konnte der Wagen, den sie vorfanden, 260 fahren? Tests ergaben, dass bei 175 Schluss war.
Georg hatte natürlich vorher die Nummernschilder von der Dodge-Viper zurück auf den gleich aussehenden Serien-Beetle geschraubt.

Huber hat sich danach noch lange gefragt, ob er sich nicht der Polizei hätte stellen sollen. Ganz bestimmt wäre er dann im Guinness-Buch der Rekorde mit einem „Höchstgeschwindigkeitsrausch-Sexweltrekord" eingetragen worden. War das eine Gaudi damals!

Die zwei Handys hatte er mir schnell erklärt. Depp, hat er zu mir gesagt, das grandiose an der Sache ist doch, dass man sich selbst anrufen kann. Wozu das gut sein sollte, fragte ich ihn. Er hat's mir dann demonstriert. Ein Handy trug er immer in der linken, das andere in der rechten Jackentasche. Beide waren stets eingeschaltet. Wobei die Rufnummer des Handys in der linken, im Handy der rechten Jackentasche dauernd eingegeben, also immer anzurufen war. Wenn Schorsch in brenzlige Situationen kam, falls es die für ihn überhaupt gab, rief er sich einfach von der rechten Jackentasche selbst an. Nach Annahme des Gesprächs wurde er meist laut und hektisch und täuschte die schlimmsten Ereignisse vor. Mit einem „tut mir leid, ein dringender Notfall", empfahl er sich dann in der Regel.
Seit dieser Zeit bin auch ich Besitzer zweier Handys und Nutzer dieses Wissens.
Aber genug über diese Telefoniererei.
Der Schorsch hat irgendwann auf seiner Yacht bei seinen Kreuzfahrten in der Adria, mit inzwischen Nadja (1,82 usw., wie immer), zwei Herren aus Palermo kennengelernt, die vorhatten geschäftlich zu expandieren. Sie waren in der Müllbranche tätig und wollten in Richtung Deutschland diversifizieren. Sie meinten Rohbau, beziehungsweise alles was mit frischem Zement zu tun hätte, würde ihnen zusagen. Sie haben ihm dann auch gleich klargemacht, dass er den Handyschmarrn bei ihnen ver-

gessen könne. Die Handys die sie in den Taschen trügen würden lauter klingeln.

Schorsch ließ sich schließlich relativ schnell zum Verkauf seines Unternehmens überreden. Zu mir sagte er damals wie so oft,
„du weißt schon, entweder man macht etwas g'scheit oder richtig."
Ich habe nur mit dem Kopf genickt. Er hat sich schließlich mit Nadja ins Privatleben zurückgezogen.

Q

Mein Gehalt als Buchhalter und Mädchen für alles habe ich die folgenden Jahre quasi als Schweigegeld weiter bekommen. 5000 DM monatlich auf die Hand und schwarz. Die 1000 DM mit denen ich bei der Firma angemeldet war, allerdings nicht mehr. Das Geld traf regelmäßig ein.

Q

Die Fortsetzung

Eines Tages, fast genau zehn Jahre nach meinem ersten Engagement bei ihm, klingelte das Telefon.

„Hallo Horst, ich brauche wieder einen Geschäftsführer", meldete sich Huber. „Du weißt schon, 5000 auf die Hand und mit 1000 angemeldet. Diesmal allerdings Euro. Ab und zu natürlich, wie in früheren Zeiten, einige Scheinchen nebenher. Wann können wir uns treffen? Ich will dir mein neues Geschäftskonzept vorstellen. Nur so viel, Flugbranche und nackert."

„Doch nicht etwas mit Stewardessen?", fragte ich besorgt.

„Ha, ha, nein, lass dich überraschen. Also morgen um zwölf beim Stampflwirt."

Schon hatte er aufgelegt.

Ich war damals gerade wieder mal von den Kanaren zurück nach München gekommen. Auf den Kanarischen Inseln hatte ich die meiste Zeit seit meinem letzten Engagement beim Schorsch verbracht. Genauer gesagt, sechs Winter und ein bisschen Herbst und Frühling. Manchmal in Hotels, aber auch in Club-Anlagen oder gemieteten Wohnungen. Irgendwie war ich nun in der Bredouille. Huber hatte mich definitiv am Haken. Drohte sich jetzt meine schöne 5000 DM Pension und mein Lebensstil in Luft aufzulösen? Für den Fall ich würde sein neues Angebot nicht annehmen? Oder anders rum. War ich ganz einfach gezwungen wieder bei ihm einzusteigen, egal was es war? Was hatte er wohl wieder ausgeheckt? Ich konnte es drehen und wenden wie ich wollte, beim Stampflwirt musste ich antreten.

Es war wie so oft in Deutschland, ein grauer verregneter Junitag, als ich die Gaststätte am nächsten Tag betrat und meinen nassen Mantel an den Kleiderständer hängte. Nachdem ich Schorsch nirgends sehen konnte, nahm ich an einem Tisch in der hintersten Ecke mit dem Rücken zur Wand, nicht nur sinnbildlich, platz. Die Bedienung brachte mir das gewünschte Rotweinschorle. Es war zwanzig nach zwölf, als ein leichtes Klirren der Fensterscheiben neben mir dezent ankündigte, dass vor dem Wirtshaus ein etwas PS-stärkeres Gefährt vorgefahren war.

Und da stand er dann vor mir. Lächelnd, ein paar Pfund schwerer als früher, gab er mir die Hand und setzte sich.
„Hallo Horst, schön dass du gekommen bist", und zur Bedienung, „eine Flasche Schampus, aber bitte einen richtigen! Lieber Freund, nach so langer Zeit muss das sein!"

Ich deutete mit dem Kopf Richtung Fenster.
„Fährst wohl immer noch den Beetle/Viper?"
„Nicht ganz. Viper schon noch, aber anders verpackt. Die Bullen waren mir mit der Beetle-Masche zu nah auf den Fersen. Die Nummer konnte ich nicht unendlich abziehen. Verstehst? Mein Leitspruch ist immer noch, „entweder man macht etwas g'scheit oder richtig." Das System ist das gleiche, aber die Verpackung eine andere. Etwas größer. Das ist auch wegen meines Alters von Vorteil. Irgendwann ist man halt nicht mehr so gelenkig – übrigens die Hasen auch nicht. Jetzt sind es zwei Audi A 8. Und was fährst du?"
„Immer noch den alten Ford Escort."
„Das lässt sich ja nun ändern."

„Mal sehen, was hast du also vor?"

„Glaub' mir, eine irre Sache. Pass auf. Ich liege an einem Hotelstrand in Guadeloupe. Die Steelband spielt im Hintergrund. In meiner rechten Hand ein kühler Longdrink – und nun das Beste. Vor mir auf einer Liege Sonja, meine Neue, weißt schon Beine bis zum Hals und so. Sie streckt mir direkt ihr gebräuntes Hinterteil entgegen, welches mich prall aus ihrem Stringtanga anlugt. Da bekam ich plötzlich Appetit auf ein Grillhendl. Verstehst du, dieses knackige, gebräunte und runde etwas – Grillhendl.
Leider kriegt man in den Hotels der Karibik Hendl in jeder Variante. Nur keine wie beim alten Jahn. Jedenfalls lief mir richtig das Wasser im Munde zusammen.
Am nächsten Tag wälzte meine Holde ihren eingeölten, gebräunten Körper vor mir im Sand. Schließlich streckte sie mir wieder, wie am Vortag, ihren Allerwertesten entgegen. Der Sand hatte ihre genannten Rundungen mit einer feinen Schicht überzogen. Dreimal darfst du raten, woran ich sofort denken musste. Genau – Backhendl!
Aber die gab es hier auch nicht.
In der Nacht dann beim Sex habe ich Sonja, ich weiß nicht aus Geilheit, einer animalischen Anwandlung, oder gar aus Hendlentzug heraus, in den Hintern gebissen. Ich bin selbst erschrocken. Dieses Erlebnis öffnete mir jedoch endgültig die Augen.
Am nächsten Tag habe ich spontan die Koffer gepackt – und Abflug!

In München angekommen bin ich auf dem Weg nachhause an einem Hendlstand aus dem Taxi gestiegen und habe Sonja mit dem Gepäck alleine weiterfahren lassen.

Ein türkischer Brater fragte mich was ich denn haben möchte. Ich deutete auf eines seiner drei traurigen Hendl. Ein halbes. Während er sich mit dem Vogel abmühte und mir sich der Geruch seines Döners mehr und mehr auf die in Vorfreude sensibilisierten Geschmacksnerven legte, wurde mir langsam klar, dass ich mit diesem Laden eine Niete gezogen hatte. Trotzdem bezahlte ich und biss gierig in das gelbliche Fleisch. Schneller als im Mund, landete dieses und der Rest des Hendls, in einem Papierkorb. Im davongehen hörte ich noch,
„nicht schmeckt?"

Ich habe dann noch mehrere Versuche dieser oder ähnlicher Art gestartet, aber immer mehr oder weniger das gleiche Ergebnis. Unseren alten Wienerwald gibt es ja nicht mehr, oder nur noch vereinzelt.
Für mich stand fest, hier gibt es dringenden Handlungsbedarf. Vor mir tat sich eine Marktlücke auf, größer als jedes Scheunentor das ich kenne.
Horst, jetzt mischen wir die Szene auf! Nicht mit Wolf!"
Eine Redewendung die er immer benützte wenn er stark erregt beziehungsweise verärgert war.
„Nicht mit mir! Wir ziehen eine erstklassige Kette von Hähnchenverkaufswagen auf. Nicht diese vergammelten Wägen, die jeden Moment auseinander zu fallen drohen. Nein, echte Nobelkarossen. Blitzblank! Die Hendl sollen First Class auf ihrer letzten Reise kutschiert werden. Sozusagen Hendl Royal. Mit weißen Papiergamaschen an den Haxen. Ich denke fürs Erste an 20 bis 30 Stück. Also im Raum München mehr oder weniger flächendeckend.
Dein Startkapital zum Anfang, vier Millionen. Erstelle einen Masterplan. Ziel für Rollout mit Prominenz in drei Monaten. Du weißt was du zu tun hast besser als ich.

Beschaffung der Wägen, Standplätze, Personal und so weiter. Hier sind die nötigen Papiere, Adressen, Telefonnummern, Bankvollmacht, und deine Bestellung zum Geschäftsführer. Deine Daten habe ich noch gespeichert. Nächstes Treffen, hier in einer Woche um die gleiche Zeit. Lass uns schnell noch mal anstoßen, ich habe es eilig. Tatjana wartet draußen im Wagen."

Schon war er wieder weg.
Vor der halben Flasche Champagner sitzend schlug ich gedankenverloren die vor mir auf dem Tisch liegende Speisekarte auf. Das Gericht des Tages sprang mir ins Gesicht wie ein mörderischer Tiger den man plötzlich aus seinem Käfig freigelassen hatte. Brathendl mit Pommes!
Nun war mir endgültig klar, dass ich in der Zwickmühle saß. No way out, schrie mein Gehirn.
Ich bezahlte und verließ das Lokal fluchtartig.

Zuhause angekommen, schleppte ich mich müden Schritts die zwei Stockwerke zu meiner Wohnung hinauf. Dort schnappte ich mir ein Glas, sowie die Jack Daniels Flasche und ließ mich auf die Couch im Wohnzimmer fallen. Nach fünf Jackies hatte ich mich so ausreichend gegen die aufkommenden üblen Gedanken in Deckung gebracht, sodass diese allmählich den Rückzug antraten und schließlich Ruhe gaben. Etwas beruhigt streckte ich mich auf dem Sofa aus und versank in einen unruhigen, traumreichen Schlaf.

Q

Die Welt erzitterte vor den immer übler werdenden Wirtschaftsdaten- und Nachrichten. Hypothekenkrise, Finanzkrise, Autokrise, Arbeitslosigkeit und vieles mehr. Politiker übertrafen sich mit düstereren Prognosen über die weitere Entwicklung der Volkswirtschaften dieser Welt. Der globale Kapitalismus hatte versagt. Riesige Seifenblasen zerplatzten. Eine gewisse Schicht hatte kräftig abgeräumt. Das verschwundene Kapital musste ersetzt werden um das existierende, anscheinend alternativlose, betrügerische System am Leben zu erhalten. Die Regierungen sprangen ein, weil sie Angst vor dem Supergau hatten, der nicht zuletzt die Pfründe der Politiker hätte beschädigen oder gar untergehen lassen können.

Durch diesen Traum mit realistischem Hintergrund fuhr mein alter Ford Escort. Bis er plötzlich von einem Polizisten der Schorsch ziemlich ähnlich sah, gestoppt wurde. „Wissen sie denn nicht, in welcher Zeit wir leben? Haben sie noch nie etwas von einer Abwrackprämie gehört? Das ist schon ziemlich dreist mit so einem alten Wagen durch die Straßen zu kutschieren! Haben sie denn gar kein Gewissen ihrem Land gegenüber? Typen wie sie sind schuld am Niedergang unserer Wirtschaft. Heute belasse ich es bei einer Ermahnung! Sie fahren aber jetzt sofort die nächste rechts zum Autohaus Gruber. Ein guter Rat zum Schluss. Lassen sie sich mit dieser Karre nicht noch einmal erwischen!"
Ich tat wie er mich hieß, schweißgebadet. Was war ich doch für ein asoziales Individuum. Beim Auto Gruber fiel mir als erstes ein großes Transparent ins Auge. „Aufgrund des niedrigen Ölpreises sparen Autofahrer in Deutschland dieses Jahr über zehn Milliarden Euro!" Warum sollte ich daran eigentlich nicht partizipieren?

Also muss ich doch wieder ein Auto kaufen, obwohl ich aufgrund meiner finanziellen Situation eigentlich aufs Fahrrad umsteigen sollte. Was aber, wenn Schorsch nicht mehr bezahlte?

Ein Autoverkäufer setzt mich an einen Tisch vor eine Tasse dampfenden Cappuccino. Er drückt mir die Hochglanzbroschüre eines 7er BWW in die Hand.
„Der würde genau zu ihrem Typ passen. Kostet inklusive einiger kleiner Extras lächerliche 67.000 Euro."
„Ja, aber", versuchte ich einen Einwand anzubringen.
Mit einer Handbewegung, als ob er ein lästiges Insekt verscheuchen müsste und einem knappen Vortrag, wischte er meine letzten Bedenken hinweg.
„Sparen durch Spritverbrauch, Kfz-Steuer-Ersparnis, Abwrackprämie, unser Hausrabatt 25%. Und jetzt kommt's! 100-prozentige Finanzierung, bei 0 % Darlehenszins die ersten drei Jahre! Sie bezahlen lächerliche 800 Euro pro Monat ab! Und das nur cirka 5 Jahre. Haben sie überhaupt eine Vorstellung, was sie da insgesamt sparen?"
Ich nickte halb verwirrt, halb betäubt, was der Verkäufer anscheinend als Zustimmung interpretierte.
„Und nun noch eine Dreingabe unseres Hauses."
Er hob den Arm und winkte durch das geöffnete Fenster einem Arbeiter auf dem Hof zu. Der ließ zum Zeichen des Verstehens den nach oben gerichteten Daumen seiner rechten Hand sehen.
„Wir übernehmen kostenlos die Verschrottung ihres alten Wagens!"
Selbstgefällig nickte er mir zu und deutete mit seinem Kopf in Richtung des Arbeiters. Ich bekam gerade noch mit wie mein Escort in einer Schrottpresse versank. Dann

14

kam von draußen zum Zeichen der Erledigung nochmal der Daumen. Der Rest war Formsache.

„Sie können ihren Wagen gleich nach Zulassung, also morgen Mittag, abholen. Empfehlen sie uns weiter!"

Q

Alles war in die Hosen gegangen. Schorsch bezahlte nicht mehr. Er war mit einer neuen Flamme nach Asien verschwunden. Die Tilgung meines Fahrzeuges kam zum erliegen. Die Bank drohte mit Pfändung. Da las ich in der Zeitung „Rettungsschirm für die Autoindustrie und für die Banken."

Ich schrieb einen langen Brief an die Bundeskanzlerin persönlich. Ich schilderte darin, dass ich unschuldig in diese Notlage geraten wäre, weil ich durch die Politik und schlussendlich durch die Exekutive veranlasst worden war die Wirtschaft zu retten. Jetzt wird die Autoindustrie gerettet. Wenn dem so ist, kann ich doch mein Auto zurückgeben. Bei den Banken verhält es sich genauso. Die werden unterstützt, also können sie mir doch meine Schulden erlassen. Wenn nicht, wer rettet dann mich?

Ich bekam zwei Wochen später tatsächlich eine Antwort vom Bundeskanzleramt. Freundlich wurde mir mitgeteilt, dass mein Fall vom zuständigen Wirtschaftsministerium bearbeitet würde. Ich bekäme Nachricht.

Ein Postbote klingelte einige Tage später an meiner Tür und übergab mir ein Päckchen mit amtlichem Stempel. In ihm befand sich ein Taschenschirm, ein Knirps mit Begleitschreiben. Sehr geehrter Herr, wir dürfen ihnen in der Anlage das Modell 000, den amtlichen Rettungsschirm für kleine Leute, überreichen. Und zum Schluss stand da noch – spannen sie ihn auf, dann geht es ihnen nie mehr nass rein! Ihr Wirtschaftsministerium.

Ich fuhr mit einem Aufschrei aus meinem Traum hoch. Klatschnass. Dann schlurfte ich wie gerädert durch die bereits von der aufkommenden Dunkelheit dämmerige Wohnung zum Fenster das auf die Straße zeigt. Gott sei Dank! Unter einer Straßenlaterne stand mein alter Ford. Nach einem Glas Wasser in der Küche ging ich ins Bett, das ich bis zum nächsten Morgen nicht mehr verließ.

Q

Der Aufstieg

Nach zwei Tassen starkem Kaffee und drei Aspirin begann ich mein Tagwerk widerwillig aber doch zielstrebig. Auf die monatlichen Zuwendungen Hubers zu verzichten war ausgeschlossen. Eine neue Arbeit zu finden war bei meinem Lebenslauf hoffnungslos. Schließlich war ich die letzten zehn Jahre keiner Tätigkeit nachgegangen.

Als erstes suchte ich in alten Unterlagen, die ich als eine Art Rückversicherung gegenüber meinem Ex-Chef immer aufgehoben hatte, nach Namen und Adressen von Mitarbeitern aus der Rohbaureinigungszeit. Alle die nach meinen Erinnerungen einigermaßen in Frage für eine Beschäftigung in der Hendlbranche kamen, hielt ich auf einer Liste fest. Dort standen schließlich 30 Namen. Im Adressbuch suchte ich nach Herstellern von fahrbaren Hendlbratereien. Im Internet fand ich verschiedene Lagerhallen, Kühlhäuser und Garagen, die man mieten konnte. Auf den ersten Blick wurde mir klar, dass ich den gewünschten Aufbau der Firma zumindest nicht in der vorgegebenen Zeit alleine leisten konnte. Ich brauchte sofort einen personellen Unterbau. Von den dreißig Mitarbeitern früherer Zeiten konnte ich vierzehn nicht mehr erreichen. Die restlichen sechzehn waren teilweise nicht begeistert als sie am Telefon meine Stimme hörten. Immerhin erklärten sich neun von ihnen zu einem Treffen mit mir bereit. Von diesen gingen allerdings vier derzeit einer Beschäftigung nach. Trotzdem sagten sie zu, nachdem ich ihnen so richtig den Mund wässerig gemacht hatte, in den Stampflwirt zu kommen.

Am Abend hatten sich dann tatsächlich sieben der neun in der Wirtschaft eingefunden. Ich arbeitete daran meine erste Spesenquittung zu bekommen, indem ich meine Gäste zu Essen und Trinken einlud.

„Ihr seid damals mit Schorsch und mir nicht schlecht gefahren, das wisst ihr sicher noch. In Zukunft wird das nicht anders sein. Gute Arbeit, Berufskleidung wird gestellt, freie Mahlzeiten, Leistungszuschläge und ein sicherer Arbeitsplatz."

Nach dieser Einleitung begann ich das Hendl-Royal-Konzept zu erklären. Mir saßen skeptische aber auch interessierte Gesichter gegenüber. Besonderes Interesse hatte ich an drei von Ihnen. Ehemalige Vorarbeiter, die wussten wie man organisiert und schmiert. Die Frage nach der Bezahlung kam. Meine Antwort wie aus der Pistole geschossen.

„Für ehemalige Stammmitarbeiter wie ihr es seid, gibt es ein Anfangsgehalt von 2000.- Euro, mindestens aber 500.- mehr als ihr zurzeit verdient."

Ich gab ihnen meine Telefonnummer und bat um Rückmeldung. Dann löste ich die Veranstaltung auf. Meine drei ehemaligen Vorarbeiter bat ich noch etwas zu bleiben. Sie verstanden.

„Was verdient ihr derzeit", fragte ich gerade heraus.

Es wurden Gehälter zwischen 2.500 und 4.000 Euro genannt.

„Gut dann bekommt jeder von euch als Vorarbeiter monatlich 5.000 Euro plus einen Dienstwagen. Könntet ihr damit leben?"

Die drei nickten.

„Darüber hinaus gibt es saftige Erfolgsprämien, aber das kennt ihr ja von früher. Heute ist der 10.06.2009. Ab

morgen steht ihr auf der Gehaltsliste. Arbeitsbeginn über-
morgen. Einverstanden?"
„Schon", sagte Kurt Melchior, „aber welche Aufgaben
haben wir? Was müssen wir machen?"
„In der ersten Phase baut ihr die Organisation auf. Ihr
beschafft Personal und Standplätze, aber nur die besten.
Wenn das erledigt ist, kümmert ihr euch um den wirt-
schaftlichen Erfolg. Ihr wisst ja wie das geht."
Nach einem abschließenden Bier wurden die provisori-
schen Arbeitsverträge per Handschlag geschlossen. Die
Drei sahen ihre Chance und beschlossen sie zu nutzen.
Neben Melchior waren Josef, Sepp, Mayr und Heribert,
Heri Grün eingestiegen. Es konnte losgehen.

In München Riem mietete ich am nächsten Tag ein
Kühlhaus das vorher von einem Fischgroßhändler ge-
nutzt wurde. Dazu gehörten eine große Lagerhalle, vier
Garagen, ein Büro und sogar eine kleine Wohnung. Der
Standort war ideal. Zentrumsnah, fünf Minuten zur
S-Bahn und genügend Platz fürs erste. Meine Geschäfte
betrieb ich vorerst per Handy, bis die Kommunikations-
mittel von der Telekom angeschlossen sein würden. Mein
Büro bestand derzeit aus einem Tisch und vier Stühlen,
die ich in einem Möbelhaus in der Nähe gekauft hatte.
Mittags fand das erste Treffen mit meinen Vorarbeitern
statt. Sie sollten das Büro nutzen um Mitarbeiter zu ak-
quirieren und Standplätze für unsere Verkaufswagen an-
zumieten. An der Wand unserer „Zentrale" hatten wir
einen großen Stadtplan von München befestigt, auf welchem die zukünftigen Verkaufspositionen unserer Wägen
markiert werden sollten. Ich machte mich auf den Weg
zum größten Hersteller von fahrenden Hendlbratereien
am Frankfurter Ring. Die Verhandlungen dort verliefen

zäh. Nachdem ich aber signalisiert hatte 12 Wägen sofort zu kaufen, wurde mir ein Nachlass von 140.000 Euro auf 120.000 Euro eingeräumt. Die nächsten 20 sollte ich für 110.000 Euro und die folgenden für 100.000 Euro bekommen, falls die Bestellungen innerhalb von zwölf Monaten erfolgten. Darüber hinaus sagte man mir zu, einige Vorschläge gemäß meiner Vorstellungen, über Bemalung und Ausstattung innerhalb einer Woche zu machen. Das Hendl Royal Konzept hatte ich ihnen vorher erklärt. Die Lieferung der ersten 12 Wagen sollte Mitte Juli erfolgen.

Am nächsten Tag erzählten mir Melchior und Mayr, während Grün in einem anderen Raum Vorstellungsgespräche führte, dass sie bisher drei vielversprechende Standorte gefunden hätten, die vor Supermärkten gelegen über das nötige Potential an Laufkundschaft verfügten. Erste Gespräche mit den Marktleitern wären nach einem kleinen Antrittsgeschenk von 1000 Euro sehr positiv verlaufen. Vier weitere, noch deutlich bessere Standorte, auf die man nicht verzichten sollte, wären allerdings fest belegt. Man würde da nachhelfen müssen. Ich sagte die entsprechenden Erfolgsprämien und sonst nötigen Mittel zu und ließ den Dingen ihren Lauf.

Grün hatte drei unserer ehemaligen Arbeiter engagiert und mir vorgestellt. Sie machten durchwegs einen guten Eindruck auf mich. Dazu kamen vier persönlich Bekannte meiner Vorarbeiter, die auch eingestellt wurden. Ferner sollten meine Leute Stellenanzeigen in den großen Zeitungen schalten. Mit drei Vorarbeitern und sieben Verkaufsfahrern waren wir schon mal ganz gut dabei.

Q

Die Zeitungslektüre des nächsten Tages informierte mich darüber, dass in der Nacht vier Hendl Verkaufswagen in München abgebrannt waren. Die Spekulationen reichten von Jugendlichen, die am Vorabend vor diesen Wägen Bier trinkend gesehen wurden, bis zu unzufriedenen Kunden oder Versicherungsbetrug. An den Tatorten und in der Umgebung wurden allerdings auch jede Menge Flugblätter gefunden, denen man entnehmen konnte, dass diese Läden über das Verfalldatum hinaus ihre Hähnchen verkauft hätten. Zahlreiche Vergiftungen würden das belegen. Zeitungsreporter fanden auch tatsächlich vermeintliche Kunden, die über Vergiftungssymptome klagten. Die Polizei ermittelte in alle Richtungen. Zudem gingen bei den Besitzern der abgebrannten Wagen am gleichen Tag per Post schlimme Drohungen ein. Sie sollten sich hüten ihr Geschäft an gleicher Stelle weiter zu betreiben. Also keine guten Voraussetzungen für einen Neustart.

Q

Nach einer guten Woche nahmen meine Vorarbeiter Kontakt zu den betroffenen Hähnchenbratern auf. Sie hätten erfahren und so weiter. Die verunsicherten Wagenbesitzer waren schließlich und endlich froh, dass sie für den Standplatz eine ordentliche Ablösesumme von der Firma Hendl Royal bekamen und zogen sich aus der Branche zurück.
Meine Vormänner verdienten sich so eine erste großzügige Prämie.
Es dauerte keine weitere Woche und zusätzliche fünf Standplätze waren nach ähnlichem Muster gefunden und

21

gemietet. Die ersten zwölf Wagen konnten geliefert werden.

Parallel zu den geschilderten Ereignissen hatte ich mit vier Hähnchenschlachtereien Preise und Menge der zu liefernden Hendl vereinbart. Lieferanten für Pommes, Brezeln, Semmeln, Bratwürsten, Senf, Softgetränken, Papptellern, Plastikbesteck, Servietten, Verpackungstüten, Reinigungsmitteln und vieles mehr, wurden unter Vertrag genommen. Insgesamt 20 Hendlbrater beziehungsweise Hendlbratergehilfen hatten bisher angeheuert. Das Büro und die Lagerräume waren inzwischen auch eingerichtet.

Q

Schorsch wollte vor dem offiziellen Start einen Probelauf und sich dabei höchst persönlich von den Fähigkeiten seiner Mitarbeiter und der Qualität der Ware überzeugen. Auf dem großen Hof vor unserem Kühlhaus standen die 12 nagelneuen Verkaufswägen in Reih und Glied. Unsere Hähnchenbrater in schicken Uniformen waren eifrig zu Gange. Ihre Verwandten und Bekannten quasi als Testpersonen eingeladen. Sie saßen fröhlich an ihren Tischen und warteten auf das Startzeichen zum Essenfassen. Alles in allem waren über 100 Personen zu Gast.

Ein Audi A8 fuhr in den Hof ein. Schorsch entstieg der Karosse und ging sofort zum nächsten Hendlwagen. Er begutachtete die Einrichtung des Wagens, unterhielt sich mit dem Brater und zeigte dann auf ein bestimmtes Hendl. Dieses wurde in zwei Hälften geschnitten und ihm auf einem Pappteller überreicht. Georg begab sich damit an einen extra für ihn reservierten Tisch und begann genüsslich zu essen. Man sah ihm an dass es ihm schmeckte. Anschließend kam er zu mir.

„Das ist es, weiter so! Muss jetzt leider sofort wieder weg, Natascha wartet!"

Wer auch immer Natascha war, es hatte ihm gefallen. Auch die Gäste schienen sehr zufrieden. Der Funktionstest war geglückt.

Q

Eine Woche später, München, Marienplatz. Die 12 Hendlwagen hatten einen Halbkreis um Bistrotische und einem Rednerpult gebildet. Es gab ein halbes Hendl inklusive einer Brezel und einem Getränk für zwei Euro. Die gesamten Einnahmen sollten einem Münchner Waisenhaus zugute kommen. Darüber hinaus bekam jeder zehnte Hendlkäufer einen Gutschein für ein ganzes Hendl, einzulösen an den Verkaufsständen, ab dem nächsten Tag. Der Bürgermeister höchstpersönlich hielt eine Rede vor mehr als 1000 Zuschauern, Passanten und Gästen. Es wäre schon lange fällig gewesen, dass innovative Unternehmer wie Georg Huber sich intensiv um die Belange des normalen Bürgers kümmern würden. Huber wäre diesbezüglich richtungsweisend. Von den 20.000 Euro, die seine Partei als Spende bekommen hatte erzählte er nichts. In den örtlichen Tageszeitungen waren ganzseitige Anzeigen zu diesem Ereignis geschaltet mit dem Titel:

„Ein neuer Stern am Hendlhimmel, die Firma Hendl Royal."

An diesem Tag wurden über 4000 Hendl gebraten und verkauft. Die Feuerprobe war bestanden. Die gesamten

Presseleute schwärmten am nächsten Tag von diesem Event und der dargebotenen Qualität, nachdem sie am Vorabend zu einem Abendessen in einem renommierten Restaurant eingeladen wurden und dabei ein respektables Gastgeschenk erhalten hatten.

Q

Eine Woche später waren alle zwölf mobilen Hendl-bratereien auf ihren Verkaufspositionen einsatzbereit. Die Geschäfte ließen sich gut an. Stufe zwei wurde gezündet. Die nächsten 12 Standorte angemietet und mit Verkaufswägen bestückt. Am ersten Januar 2010 bestand die Hendlflotte bereits aus 60 Fahrzeugen.

Schorsch hatte sich in dieser Phase des Geschäftaufbaus in Erinnerung an alte Zeiten wieder mal mit mir im Stampflwirt zusammengesetzt.
„Alles schön und gut, wir haben fast den Break-Even erreicht, aber allmählich muss mal richtig Geld in die Kasse. Siehst du das nicht auch so?"
Ich nickte.
„Schon, aber mit unserem Auftritt wollen wir doch auch zeigen keine Billigheimer zu sein, sondern eben Hendl Royal. Das hat seinen Preis."
„Sag mal, hast du eigentlich alles vergessen was du einmal bei mir lerntest? Qualität und Hendl Royal ist OK. Sparen muss man beim Einkauf. Damals haben wir mehr Arbeiter abgerechnet als tatsächlich geliefert. Heute drehen wir den Spieß um, wir verkaufen mehr, als wir geliefert bekommen. Verstanden? Das Geschäft muss so aufgestellt werden, dass von jedem Verkaufswagen pro Tag netto 200 Euro in meine Tasche wandern. Das heißt, dass

alle Kosten inklusive Gehälter da schon bezahlt sind. In spätestens zwei Monaten will ich dieses Ergebnis sehen."

„Gut, habe ich verstanden. Weitere Expansion, aber diese über schwarze Einkäufe an der Steuer vorbei. Ich werde das gerne organisieren, die Verantwortung dafür möchte ich genauso wenig wie du tragen. Wir brauchen einen Geschäftsführer der gegebenenfalls seinen Kopf hinhält. Was hältst du von Melchior?"

„Ich bin mit allem einverstanden, aber du weißt, entweder man macht etwas g'scheit oder richtig! Unter dem Strich muss ganz einfach die Kasse stimmen. Dann bist du eben ab heute mein persönlicher Berater und Weisungsbefugter und Melchior der Geschäftsführer. Setze die entsprechenden Verträge auf! Ich muss dringend weg, du weißt schon!"

Ich nickte verstehend.

Q

Wieder saß ich alleine gelassen in der Gaststätte in welcher mich meine Vergangenheit nach so vielen Jahren einholte. Ich ahnte schon bei meinem ersten Treffen mit Schorsch was auf mich zukommen würde. Meine Befürchtungen hatten sich bestätigt. Für heute beschloss ich Feierabend zu machen.

Vor dem Haus in dem ich wohnte stand ein Möbelwagen. Ich wusste, dass die Wohnung gegenüber meiner, auf der zweiten Etage, leer stand. Anscheinend zog dort jemand ein. Dem war auch so, stellte ich fest als ich meine Wohnungstür aufsperrte. Ich verharrte kurz. Das leise klappern von Stöckelschuhen war im Treppenhaus zu hören. Und schon stand sie vor mir, wie eine Fata Morgana. Ein

blonder Traum, ausgestattet mit den Idealmaßen, einge-
hüllt in eine dezente Wolke angenehmsten Parfums. Das
Wesen mir gegenüber hielt mir ihre rechte Hand entgegen. Ich sah wie sich ihre fein geschwungenen Lippen
bewegten. Schließlich kamen auch die Worte bei mir an.
„Darf ich mich vorstellen, Erna Glück, ich bin wohl ihre
neue Nachbarin."
„Herzlich willkommen", stammelte ich. Dann gelang mir
noch, „falls sie etwas brauchen, jederzeit."
„Danke, sehr freundlich."
Sie winkte mir noch mit der rechten Hand und war dann
auch schon in Ihrer Wohnung verschwunden.

Doch die Ablenkung durch Erna währte nur kurze Zeit.
Wie benommen betrat ich meine Wohnung. Mein Weg
führte wieder mal direkt zur Jackie-Flasche und dann
aufs Kanapee. Mein Kopf arbeitete an Hubers mehr als
unsauberen Gewinnoptimierungsvorstellungen. Mit den
zwei verbleibenden Vorarbeitern, die ich in Zukunft Supervisor nennen wollte und dem Geschäftsführer in spe
Melchior, hatte ich glücklicherweise treue Gefolgsleute
auf die ich mich verlassen konnte.

Q

Nachdem ich Melchior zum Geschäftsführer ernannt hatte, saßen mir Grün und Mayr in meinem Büro am nächsten Tag gegenüber. Mit Melchior als Vorgesetzten waren
sie sofort einverstanden, wussten sie doch aus alten Zeiten, dass sie mit ihm nicht schlecht fahren würden. Ihre
Ernennung zum Supervisor und die damit verbundene
Gehaltserhöhung erfüllte sie mit Freude und machte sie
außerordentlich zugänglich, was ihre zukünftigen Aufga-

ben betraf. Hatten sie bisher ihr Augenmerk auf den Aufbau der Organisation gerichtet, würden sie sich nun ausschließlich um Warenein- und Ausgang sowie den gesamten Einkauf kümmern. Preisgestaltung und Erfolgsprämiensysteme würde ich beratend begleiten. Gemeinsam mit Melchior wären sie dann für die Umsetzung zuständig. Ein erstes Arbeitstreffen sollte am nächsten Tag mit dem neuen Geschäftsführer stattfinden.

Q

„200 Euro netto, das heißt nach Abzug aller Löhne und Kosten müssen pro Verkaufswagen und Arbeitstag, also 1.200 Euro pro Woche, erzielt werden. Zurzeit decken sich Einnahmen und Unkosten gerade so. Wir haben da keine leichte Aufgabe vor uns. Wie können wir dieses Ziel erreichen, Kollege Melchior?"
Mit dieser Frage stimmte ich meine drei Führungskräfte ein und übertrug ihnen damit gleichzeitig den aktiven Teil des weiteren Handelns. Meine Aufgabe sah ich lediglich darin, so zu moderieren, dass sie immer auf der richtigen Spur blieben.
Der neue Geschäftsführer blieb auch nicht lange eine Antwort schuldig.
„Am meisten holen wir raus wenn wir unsere Waren an der Steuer vorbei einkaufen und verkaufen. Dann müssen wir noch geschickt an den Löhnen unserer Brater schrauben. Wer viel Umsatz bringt verdient viel und umgekehrt. Unter dem Strich müssen geringere Lohnkosten herauskommen als bisher. Wir werden natürlich immer beispielhaft die Gutverdiener hervorheben. Die schlechter verdienenden können sich an die eigene Nase fassen. Dann sollten wir eine selbständige Werkstatt hier auf

dem Gelände zur Reparatur unserer Verkaufswägen und der technischen Einrichtungen haben. Wir umgehen dadurch Umsatzausfälle durch Standzeiten der Wägen in Werkstätten. Unser eigener Reparaturbetrieb könnte die Leistungen abends oder notfalls auch nachts erbringen."

„Wie seht ihr das mit dem Einkauf unter der Hand und dem anschließenden Verkauf", wandte ich mich an meine zwei Supervisor.

„Kein Problem, es gibt genügend Quellen wo wir Ware günstig als Privatleute einkaufen können. Wir müssen nur den Prozentsatz zur Gesamtmenge im Auge behalten, damit Einkauf und Verkauf übereinstimmen. Nachdem wir die täglichen Abrechnungen mit den Verkaufsfahrern machen, haben wir das easy im Griff", meinte Grün.

Mayr fügte hinzu, „wir sollten tägliche Produktions-überschüsse abends an Gaststätten weiterverkaufen, die sie dann weiterverwerten können. Am günstigsten wäre natürlich wenn die Gaststätten von uns selbst betrieben würden, dann könnten wir umgesetzte Hendl und Erlöse total verschleiern."

„Lauter gute Ideen. Macht euch sofort an die Umsetzung. Nachdem ihr als Supervisor jetzt eure Haupttätigkeit hier in der Zentrale verrichtet, brauchen wir draußen, ich würde sagen, zwei Teamleiter. Jeder sollte zurzeit 30 Wagen betreuen und nach dem rechten sehen. Berichts-pflichtig sind die dem Geschäftsführer, also dir Melchior. Mir wäre am liebsten ihr würdet jemand aus eurem Ver-wandten- oder Bekanntenkreis finden. Ihr wisst schon, Vertrauen, Zuverlässigkeit und so weiter."

Damit war die Besprechung beendet.

Groß und Schier hießen die zwei neuen Teamleiter, die mir von Melchior vorgestellt wurden. Groß war ein

Schwager unseres Supervisors Grün, Schier ein Hendl-brater aus den eigenen Reihen, der durch besonders gute Leistungen aufgefallen war. Ich wünschte beiden viel Glück, mit dem Hinweis darauf, dass nicht zuletzt von ihrer Arbeit der Erfolg des Unternehmens abhinge.

Q

Als ich abends nach Hause kam, sah ich gerade wie mei-ne Nachbarin sich abmühte, mit zwei schweren Einkaufs-tüten beladen, die Haustür zu öffnen. Ich sprang förmlich hinzu.
„Darf ich ihnen die Tüten abnehmen, dann geht es be-stimmt leichter?"
„Sie sind ein richtiger Kavalier!"
Und schon trug ich den Einkauf nicht nur zur Tür hinein, sondern in den zweiten Stock hinauf. Oben angekommen, war mein Keuchen nicht zu überhören.
„Gell, die waren schwer, aber sie sind ja ein starker Mann. Vielen Dank, stellen sie sie einfach hier am Ein-gang ab. Wie kann ich das bloß wieder gut machen?"
Mir fiel sofort etwas ein. Aber stattdessen hörte ich mich sagen,
„schon gut, war doch selbstverständlich. Einen schönen Tag noch!"
„Ebenfalls."
Die Wohnungstür fiel ins Schloss.
Eigentlich schade dachte ich mir noch im Hausgang ste-hend. Andererseits bei meiner derzeitigen Belastung auch noch Weibergeschichten? Ich trat den Rückzug in meine Wohnung an.
Als ich am nächsten Morgen das Haus verließ, begegnete mir Frau Helmer. Eine korpulente, ältere Dame um die

60, die im dritten Stock wohnte. Sie war ebenfalls mit zwei schweren Einkaufstaschen unterwegs.

„Guten Morgen Frau Helmer."

„Guten Morgen Herr Lux, da habe ich aber Glück, dass ich gerade jetzt einen so kräftigen jungen Mann treffe." Sie schaute zu ihrem Einkauf hinunter. Mir hatte die Tour gestern schon gereicht und nun auch noch einen Stock höher.

„Sonst immer gerne Frau Helmer, aber ich bin in Eile."

„Gestern, bei dem jungen Fräulein, hat es ihnen nicht pressiert, das habe ich genau gesehen."

Ich bekam einen feuerroten Kopf. Sie musste das bemerken.

„Nein wirklich", stammelte ich.

In meiner Not fasste ich in die rechte Jackentasche und drückte den Wählknopf meines Handys. Schon klingelte das in der linken Tasche. Ich riss es förmlich heraus.

„Ja, tut mir leid, bin sofort da. Wie sie sehen", sagte ich noch mit einem bedauerndem Schulterzucken und weg war ich.

Man konnte über den Schorsch sagen was man wollte, aber ein Hund war er schon, ging es mir durch den Kopf.

Q

Es war inzwischen März. Zu unserer Flotte waren 10 weitere Fahrzeuge hinzugekommen. Außerdem zwei Gasthäuser die hauptsächlich Hendlgerichte auf der Karte stehen hatten. Alles lief nach Plan. Produktionsspitzen wurden gegen Verkaufsende zu reduzierten Preisen abgegeben. Schulkinder bekamen das halbe Hendl für 2,75 Euro statt 3,50. Übrige Ware landete größtenteils in unseren zwei Gasthäusern, oder wurde am nächsten Tag als kaltes Hähnchen für 2 Euro verkauft. Dieses Mischen der Preise gestattete Grün und Mayr die Einnahmen in der offiziellen Buchführung im Durchschnitt um 15% zu senken. Die Löhne der Verkaufsfahrer waren erfolgreich mit der Leistungsmasche um effektiv 10 Prozent reduziert worden. Dies kompensierten die Fahrer allerdings durch längere Standzeiten und entsprechend höheren Umsatz. Womit sie am Tagesende genauso viel Einkommen wie vorher, oder manche sogar etwas mehr hatten. Unsere betriebseigene Kfz-Werkstatt sicherte eine Einsetzbarkeit unserer Fahrzeuge von nahezu 100 Prozent. Der unter der Hand Zukauf durch unsere Supervisor funktionierte vorzüglich.

Q

Mit Fräulein Erna war ich inzwischen nicht viel weitergekommen. Das lag sicher auch daran, dass ich mir nicht ganz im Klaren war was ich tatsächlich vorhatte. Dies war nicht irgendeine Frau mit der man im Vorübergehen ein Techtelmechtel begann. Dieses Wesen war, wenn überhaupt, ein Fulltime-Job. Ich traf sie zwar häufig per Zufall, die Wortwechsel wurden etwas länger und vertrauter, mehr war aber auch nicht.

Q

Im April war absehbar, dass zum Monatsende das erste Mal das Ziel von 200 Euro netto nach Steuern pro Verkaufswagen erreicht würde. Der Durchbruch war geschafft.
Huber beschloss daraufhin am Feiertag, den 1. Mai eine große Show abzuziehen. Er beorderte für diesen Tag alle,

inzwischen 70 Verkaufswagen, auf die Münchner Theresienwiese, die er exklusiv von der Stadt München gepachtet hatte. Unsere zwei Restaurants waren mit großen Zelten vertreten. Auf einer Freifläche vor den Hendlwagen waren Tische und Bänke sowie ein Podium aufgestellt, auf welchem eine Blaskapelle spielte und die Gastredner zu Wort kamen. Dies war diesmal nicht nur der Bürgermeister sondern auch der Ministerpräsident persönlich. Sie lobten das große unternehmerische Engagement Hubers und bezeichneten ihn als Vorbild für jedermann. Müßig wäre zu erwähnen, dass wieder im Vorfeld der Veranstaltung reichlich Parteispenden geflossen waren.

Auch in den Zelten wurde musiziert. Das halbe Hendl wurde für 2 Euro verkauft. Jeder 100. Hendlkäufer gewann einen Hubschrauberrundflug über München. Fallschirmspringer, als Hühner verkleidet, landeten auf der Theresienwiese. Kinderkarussells waren aufgebaut, die kostenlos genutzt werden konnten. Ständig fanden für die Kleinen, auf extra dafür vorgesehenen Bahnen, Eierlaufwettbewerbe statt. Die Sieger bekamen schöne Preise. Jedes Kind erhielt außerdem einen Luftballon mit der Aufschrift „Hendl Royal" und ein Malbuch mit Buntstiften. In diesem konnten Hühner und Hähne, sowie auf der letzten Seite der Schriftzug „Hendl Royal", bunt ausgemalt werden. In jedem Zelt gab es einen Presse- und Prominententisch, an dem die feinsten Kreationen, die man aus Hendln schaffen konnte, mit Champagner gereicht wurden. Alle Einnahmen die an diesem Tag erzielt wurden kamen gemeinnützigen Zwecken zugute. Grün und Mayr freuten sich besonders über diesen Tag. Gab er ihnen doch die Gelegenheit letzte Bilanzungereimtheiten ins Lot zu bringen.

Zum Ende des Festes saß ich noch mit Schorsch und einem Journalisten, der vom vielen Schampus schon ziemlich angeschlagen wirkte, zusammen. In seiner Euphorie über die gelungene Veranstaltung schlug er vor die Großtaten Hendl Hubers unbedingt in Worte fassen zu müssen.
„Sie brauchen umgehend ein eigenes Wochen- oder Monatsblatt. Am besten sie fangen gleich damit an. Die heutige Veranstaltung wäre der ideale Einstieg. Ihre Erfolge müssen sie offensiv verkaufen. Klappern gehört zum Handwerk! Ich denke da an etwas wie „Die Hendl Royal Woche", mit verschiedenen Rubriken, wie zum Beispiel „Hendl im Anflug", Informationen über neue Verkaufsplätze oder Veranstaltungen. Dann „Hier spricht der Chef", und so weiter."
Schorsch war sofort begeistert. Er bat den Journalisten ein Konzept zu entwerfen und nach dessen Fertigstellung bei ihm vorzusprechen. Der Zeitungsmann stimmte zu.

Q

„So was gab es in München noch nie!"
Das war eine von vielen positiven Schlagzeilen am nächsten Tag in den Münchner Gazetten. Oder auch,
„am Tag der Arbeit, endlich ein Tag für die Arbeiter."
Es gab kein Superlativ das nicht zur Anwendung kam.
„Endlich ein neuer Stern am Himmel der Münchner Gastronomie."
" Hendl Huber mischt die Szene auf."
Und so weiter.

Hubers Kommentar dazu war euphorisch.

„Diesen Schwung, diesen positiven gesellschaftlichen Rückenwind, müssen wir ausnützen und nach vorne transferieren. Horst setze dich sofort mit dem Zeitungsfritzen von gestern in Verbindung. Am nächsten Montag muss die erste Ausgabe unserer Hauszeitung an jedem Verkaufswagen liegen!"

Der sogenannte Zeitungsfritze hieß Eckehard Krebs. Als er eine Stunde später, gegen elf, in meinem Büro auftauchte hatte er immer noch eine Fahne, wahrscheinlich vom Vortag. Er arbeitete als freier Journalist für mehrere Boulevardblätter und war sichtlich erfreut, dass ihm ein regelmäßiges Einkommen angeboten wurde. Ich erklärte ihm die Situation und forderte ihn auf, bis zum Abend einen ersten Entwurf einer Zeitung, die Anfangs lediglich aus vier Seiten bestehen sollte, vorzulegen. Er versprach sich sofort daran zu machen.

Die erste Ausgabe sah dann so aus. Der Titel:
„Die Hendl Royal Woche."
Auf der ersten Seite ein großes Foto des Bürgermeisters, wie er am 1. Mai genüsslich in eine Hendlhaxe beißt.
Darunter:
„Das schmeckte dem Stadtvater und allen Gästen."
Es folgte ein großer Bericht über das Fest. Auf der zweiten Seite:
„Jetzt red' i'."
Hier wurden Kunden mit Foto veröffentlicht, die die Qualität der Ware lobten, aber auch Verbesserungen die man sowieso vorhatte, vorschlagen durften. Diese Seite sollte eine ständige Einrichtung werden. Auf der dritten dann die:

„Hendl im Anflug."
Neue und geplante Standorte der Verkaufswagen, sowie
Veränderungen in der Produktpalette wurden darin ange-
kündigt. Ganz unten fand sich auch immer ein Ermäßi-
gungsgutschein zum Ausschneiden. Schon dieser veran-
lasste viele Kunden zur Mitnahme des Blättchens und
eröffnete neue buchhalterische Möglichkeiten. Die letzte
Seite sollte immer für Georg reserviert sein. Deshalb hieß
sie auch:
„Chefsache."
In der „Chefsache" legte Schorsch dann auch gleich richtig los. Er scheute sich nicht davor, sich mit einem fran-
zösischen König zu vergleichen, der einmal dem Volk
versprochen hatte, dass dieses jeden Sonntag ein Huhn
im Topf haben solle. Er ging dahingehend sogar weiter,
indem er aus jeder Woche, jeden Tag und aus einem
Suppenhuhn ein Grillhähnchen machte. Sein Name stand
schließlich für Fortschritt. Ferner konnte man in der ersten Ausgabe lesen, dass er die Idee für sein Hendlimperium erst vor einem knappen Jahr bei einer intensiven Ex-
pertentagung in der Karibik hatte. Er betonte dann noch,
dass er sich das bisher Erreichte durch seine Hände Arbeit schuf. Entsprechend wäre jeder Mitarbeiter willkommen, der am weiteren Aufbau seines Unternehmens
durch Fleiß und Zuverlässigkeit beitragen wolle. Zum
Schluss berichtete er über die bisherige, großartige Ge-
schäftsentwicklung und bedankte sich in diesem Zusam-
menhang ausdrücklich für die hervorragende Leistung
seiner Mitarbeiterschaft und die Treue seiner Kunden.

Q

Mitte des Jahres 2010 bestand seine Firma bereits aus 75 beweglichen Bratstationen und fünf Restaurants. Er beschäftigte inzwischen über 150 Mitarbeiter. Je besser die Geschäfte liefen, umso mehr Seiten wies „Die Hendl Royal Woche" auf. Derzeit acht Seiten. Der Ton Hubers in der Rubrik „Chefsache", wurde immer politischer. Er wusste für jedes Problem eine Lösung. Seine pragmatischen Ansätze und Vorschläge wurden von den Lesern aller Schichten förmlich aufgesogen. Für seine Ansichten waren bereits zwei Seiten reserviert. Sein Blatt hatte wöchentlich schon eine Auflage von 20.000 erreicht. Die Schrift war stadtbekannt. Keiner der etwas auf sich hielt versäumte eine Ausgabe. Es kam was kommen musste. Mein Chef, der Danny de Vito Verschnitt wurde in Talk Shows des regionalen Fernsehsenders eingeladen. Den Einschaltquoten nach kam er mit seiner lässigen, jovialen Art super an. Häufig wurde er auf der Straße von Leuten zitiert. Dabei hatte er gar nichts Besonderes zu sagen, sondern quatschte nur wild drauf los. Manchmal einen riesigen Blödsinn. Aber das mochte das Volk und die Politiker wurden regelrecht neidisch auf dieses Naturtalent. Einer der wie der Mann auf der Straße sprach. Im Grunde aber nicht mehr, sondern eher weniger drauf hatte als dieser. So einer quälte nicht mit Schlauheiten sondern ließ den Zuhörer oder Leser sich selbst schlau vorkommen.

Q

Einstieg in die Politik

Als sein persönlicher Berater hatte ich immer weniger mit dem operativen Geschäft zu tun. Dafür durfte ich vermehrt als Ideengeber für seine Zeitungsartikel oder Vorträge, die er vor Freundeskreisen, Stammtischen, Wirtschaftsvertretern und schließlich politischen Parteien hielt, tätig werden.

Ich fuhr inzwischen einen 7er BMW, da ich häufig Georg Huber als Beifahrer hatte und dieser sich in meinem Escort nicht gern sehen ließ. Ich verdiente derzeit soviel, dass der Erwerb dieses Fahrzeuges keine Mühe für mich darstellte. Einerseits amüsierte ich mich über das Schauspiel das mir geboten wurde, wofür ich auch noch viel Geld bekam, andererseits vermisste ich meine bisherige Freiheit, insbesondere meine inzwischen zweite Heimat, Gran Canaria. Es ging auf den Herbst zu, das Wetter wurde schlechter. Das verstärkte in mir Gefühle dieser Art. Abgelenkt davon wurde ich, indem ich damit beschäftigt war für Schorsch aktuelle Wirtschaftsdaten zusammenzustellen. Er sollte vor der DSU-Spitze in Wildbad Kreuth, am übernächsten Mittwoch eine Rede halten. Thema:

„Wege aus der Staatsverschuldung."

Zu solchen Treffen durfte immer ich ihn chauffieren. Darauf legte er großen Wert. Bei seinen Vorträgen war es meine Aufgabe die Folien im richtigen Augenblick auf den Overheadprojektor zu legen. Das war gar nicht so leicht bei seinem Improvisationstalent. Er sprang gedanklich förmlich von Folie zu Folie. Allerdings nicht immer in der ursprünglich vorgesehenen Reihenfolge.

Zurück zu den Daten die für seine Rede relevant waren. Das Landesbankdebakel, sowie die Steuerpolitik der

Bundesregierung hinterließen tiefe Löcher im Landeshaushalt die gestopft werden mussten. In der Pleite wurden noch mehr Schulden gemacht, weil man Wahlversprechen einhalten wollte. Das Volk wurde derweil mit Behauptungen die kein einziger Wirtschaftsexperte für richtig hielt, außer er war parteipolitisch im Wort, oder verdiente daran, für dumm verkauft. Diese Tour war aber nicht dauernd durchzuhalten. Schon jetzt wurden bei Wahlen deutliche Stimmenverluste verzeichnet. Deshalb mussten unbedingt pragmatische neue Denkansätze her. Wer war dazu in dieser Situation besser geeignet als Georg Huber. Ein Mann des Volkes, der dessen Sprache sprach und sich von ganz unten nach ganz oben gearbeitet hatte.

Q

Schorsch erinnerte mich an sein Radarerlebnis, als wir auf der Autobahn durch den Hofoldinger Forst in meinem BMW, Richtung Wildbad Kreuth fuhren.
„Berühmt hätte ich damals schon auf einen Schlag werden können. Hab' mich aber nicht getraut. Wer weiß, wofür es gut war. Mit der Referenz von damals hätten sie mich dort wo wir heute hinfahren als Redner nicht akzeptiert – oder vielleicht erst recht? Egal, du weißt ja, entweder man macht etwas g'scheit oder richtig!"

Der Tegernsee und schließlich unser Ziel waren bald erreicht. Bei einem Weißbier mit Leberkäs und Brezen stimmten wir uns auf der Terrasse des DSU Tagungsortes auf Georgs Vortrag ein, der um 16.00 Uhr vor dem Plenum im großen Tagungsraum gehalten werden sollte. Dabei wurden wir von den führenden Politikern freundlichst begrüßt. Man merkte ihnen an, dass sie sich von Schorschs Vortrag vieles, was in ihrem Sinne war, versprachen.

Q

Das Licht im Saal, gefüllt mit etwa 150 Leuten, war gedämpft. Man konnte vom beleuchteten Rednerpult auf einem Podium lediglich die Gäste in den ersten beiden Reihen gut sehen. Huber bedankte sich artig für die Einladung und legte dann los, während ich über den Projektor die erste Folie an die Wand projezierte. Sie zeigte einen aufgeklappten, gähnend leeren Geldbeutel und versinnbildlichte die Staatskasse.

„Man kommt nicht weiter wenn man zurück schaut und sich fragt, warum, weshalb, wieso. Selbst das zur Kenntnis nehmen der Tatsachen kann sich blockierend auf zukünftiges Handeln auswirken."
Schorsch zeigte auf das inhaltlose Portemonnaie hinter sich.
„Für wen ist die Feststellung dass er blank ist, eine Entscheidungshilfe um mutig nach vorne zu schauen und neue Ziele in Angriff zu nehmen?"
Erster zaghafter Applaus war zu hören. Mit einer beschwichtigenden Geste fuhr Georg fort.

„Wo Zurückschauen, Verharren und Zaudern keinen Sinn gibt, hilft nur Gas geben und nach Vorne schauen. Versuchen sie einmal sich bei Tempo 250 auf der Autobahn mit ihrem Beifahrer in eine Landkarte zu vertiefen, um auch ganz sicher das Ziel zu erreichen. Das Ergebnis wird sein, dass sie sehr schnell an einer Leitplanke lan-

den. Und das war's dann! Behalten sie stattdessen ihre Geschwindigkeit bei und konzentrieren sich darauf was vor ihnen passiert! Es gibt dann drei Möglichkeiten. Im schlechtesten Fall bauen sie einen Unfall. Dann haben sie es immerhin beharrlich versucht. Unter Umständen schießen sie über das Ziel hinaus. Eine kleine Korrektur und sie haben trotzdem erreicht was sie vorhatten. Im besten und wahrscheinlich Normalfall, erreichen sie nach einigen konzentrierten und anstrengenden Fahrstunden das gewünschte Ziel. Das ist dann der Moment, wo sie wieder erfreut in ihren Geldbeutel schauen und sich etwas Besonderes leisten sollten. Der Fantasie sind dazu keine Grenzen gesetzt. Sie wissen was ich meine."
Der Beifall im Saal wurde stärker. Zufriedenes Murmeln war zu vernehmen.
„Was ich damit ausdrücken will ist, Aktion statt Depression! Das riesige Loch in den Staatsfinanzen wird nicht durch Reden sondern durch Handeln zugeschüttet", fuhr Huber fort, „jetzt höre ich direkt einige von ihnen im Saal sagen, ja wie denn? Da frage ich sie, wer finanziert denn diesen Staat? Richtig, die Bürger! Nun wieder der Pessimist aus der Zuhörerschaft. Man kann doch einem nackten Mann nicht in die Tasche greifen! Dazu kann ich ihnen nur raten, sie sollten es einfach mal versuchen."

Ich war mit der nächsten Folie dran. Es stellte ein riesiges noch nicht gegrilltes, also praktisch nacktes Hendl dar. Im Saal machte sich leichte Belustigung breit.

„Was sehen sie hier?", fragte der Redner, „richtig, ein gerupftes Hendl. Fällt ihnen die Parallele zum Volk auf! Wir haben also in der Betrachtungsweise in etwa die gleiche Ausgangsposition. Da sind wir uns doch wohl einig!"

Leises zustimmendes Murmeln im Zuhörerraum.

„Man beachte, an diesem Huhn ist auch keine Tasche zu erkennen in die man hineingreifen könnte. Und trotzdem lebe ich und mein Unternehmen hervorragend von diesen Viechern. Wie gelingt mir das? Ganz einfach, ich mache das Beste daraus! Nämlich die berühmten Hendl Royal, die überall sehr geschätzt werden. Wie gelingt mir das?"

Huber machte eine Pause und schaute sich triumphierend im Publikum um. Dann fuhr er ganz langsam, fast schon verschwörerisch sprechend, fort.

„Um die auf den ersten Blick nicht erkennbaren Werte sichtbar zu machen muss man das Material bearbeiten. In diesem Fall", er zeigte auf das Hendl an der Wand, „wird es mit Salz und Pfeffer, übrigens überaus preiswerte Gewürze, eingerieben. Man könnte auch sagen brauchbar, oder noch besser, scharf gemacht. Nach dieser Präparation wird das Huhn am Grill unter ständigem Drehen allmählich so erhitzt, dass als Produkt ein schmackhaftes, oder noch besser gesagt ein mehr als brauchbares Objekt, mit knuspriger, brauner Haut, entsteht. Mit dem können sie nun Geld verdienen. Die Experten unter ihnen wissen jetzt schon was ich mit diesem Vergleich erklären wollte."

In den ersten beiden Sitzreihen im Saal war Kopfnicken erkennbar.

„Übertragen sie dieses Vorgehen auf ihre Bürger! Machen sie sie nützlich und schließlich und endlich sogar scharf. Scharf darauf, etwas leisten zu dürfen! Aber sie möchten das natürlich näher erklärt haben. Gut, kommen wir zum Einsalzen. Setzen sie über ihre Arbeitsagenturen Arbeitsunwillige so unter Druck, dass ihnen permanent der Schweiß aus den Poren bricht. Das Szenario muss so drastisch sein, dass auch die Menschen die Arbeit haben vor Angst schwitzen. Schweiß hinterlässt Salz auf der Haut. Soviel zum Einsalzen. Das Folgende sage ich bewusst so hart. Statt Zucker in den Hintern, Pfeffer blasen. Was meinen sie welche Fahrt da die Meisten aufnehmen werden. Sehen sie so kann man aus Millionen unproduktiver Langweiler plötzlich nützliche Produktionsfaktoren machen. Die Produktivität der Unternehmen wird steigen. Arbeitsplätze werden geschaffen. Die Steuereinnahmen und Sozialabgaben steigen. Um dieses Niveau zu halten und noch zu steigern, gilt es wie beim Hendl den zweiten Schritt zu machen.

Wie die rotierenden Hühnchen am Spieß müssen sie auch die Arbeitnehmer rotieren lassen. Von Arbeitsplatz zu Arbeitsplatz. Von Unternehmen zu Unternehmen. Nirgends können so Strukturen verkrusten oder sich gar Gewerkschaften festsetzen. Über ihre Verbände ist dies leicht zu steuern. Wünsche nach Gehaltserhöhungen kommen so erst gar nicht auf. Das mit dem Erhitzen der Hähnchen am Grill bedeutet im übertragenen Sinne nichts Anderes als jemandem Feuer unter dem Hintern machen. Dies müssen sie durch ihr Führungspersonal organisieren. Durch diese Vorgehensweise sind sie Ruckzuck alle ihre Sorgen los. Also fangen sie endlich an, lassen sie die Leitplanken ihres unternehmerischen und staatspolitischen Denkens bei Höchstgeschwindigkeit an sich vorbeirauschen und konzentrieren sie sich nur noch auf ihr Ziel, den absoluten Erfolg.

Zum Schluss darf ich ihnen auf ihrem Weg nach Hause noch meinen Leitspruch mitgeben: Entweder man macht etwas g'scheit oder richtig! Ich danke für ihre Aufmerksamkeit!"

Ein unglaublicher Beifall brach über uns herein. Es gab „Standing Ovations." Schorsch und auch ich mussten mindestens 100 Hände begeisterter Politiker schütteln. Es entstand fast der Eindruck als ob Huber tatsächlich vielen von ihnen wieder neuen Lebensmut eingehaucht hatte.
Ein opulentes Abendessen, bei welchem der Tischredner Georg Huber hochleben ließ, rundete den Tag ab.

Auf dem Rückweg nach München bestand Schorsch darauf im Tegernseer Bräustüberl noch ein paar Halbe zu trinken. Konnte er, ich fuhr ja. Während der Heimfahrt, auf der Autobahn, musste ich zum wiederholten Male die 260 Sachen Geschichte über mich ergehen lassen. In der Münchner Innenstadt waren bereits Zeitungsverkäufer eines Abendblattes unterwegs. Georg ließ sich eine Ausgabe ins Auto reichen. Er zeigte mir die Überschrift des Leitartikels auf der ersten Seite in übergroßen fetten Lettern.
„Rettet Hendl Royal Chef die Landesregierung?"
Darunter etwas kleiner,
„Schorsch Huber hält wegweisenden Vortrag in Wildbad Kreuth."
Der Hendlkönig lehnte sich zufrieden in seinem Autositz zurück. Von der Seite musterte er mich lauernd.
„Warst wie immer eine große Hilfe für mich. Wie du das mit den Folien gemacht hast, einfach Klasse. Morgen erhöhe ich dein Gehalt um 1.000 Euro. Zufrieden?"
Ich nickte lediglich da ich wusste bald schon eine Gegenleistung erbringen zu müssen. Schorsch war für mich wie ein offenes Buch.

Q

Der Fernsehabend

Das Telefon stand am nächsten Tag nicht still. Funk, Fernsehen, Fans und viele mehr waren richtig wild darauf sich mit Schorsch über das Kreuther Treffen zu unterhalten. Meine Aufgabe war es Termine zu vereinbaren, beziehungsweise die meisten Anrufer abzuwimmeln. Am Abend hatte ich dann einen Haufen Zettel mit Namen und Telefonnummern vor mir liegen, die ich erst nach vermeintlicher Wichtigkeit sortierte, um dann mit Schorsch zu besprechen mit wem er sich schließlich einlassen würde.

Huber traf schnell eine Entscheidung.

„Ich wollte schon länger einen richtigen TV-Auftritt. Nicht nur immer diese Lokalsender. Wenn schon, dann gehe ich eben zu dieser Lesbe in die Talkshow. Weil es das DDF ist, sag mal zu!"

Nach meiner Zusage bekamen wir prompt eine Liste der anderen geladenen Gäste zugeschickt. Sie bestand aus Prominenten wie Alice Kratzer, Erzbischof Lax, Wirtschaftsminister Bruder, Gesundheitsminister Böser und dem Sportmoderator Manna. Mit denen sollte Schorsch das Thema „Wege aus den Krisen Wirtschaft, Gesundheit und Soziales" diskutieren.

Q

An einem Sonntag, in der ersten Augustwoche, wurde die Liveshow abends im DDF gesendet. Diesmal brauchte ich keine Folien auflegen. Ich saß in einem gemütlichen Sessel vor dem Fernseher in meiner Wohnung und amüsierte mich köstlich.

Die Moderatorin stellte die Teilnehmer vor und gleichzeitig die erste Frage zur Situation der Wirtschaft an Bruder.

„Wie sehen sie eigentlich die momentane Situation Herr Wirtschaftsminister?"

Bevor dieser antworten konnte ergriff der Sportmoderator das Wort.

„Apropos Wirtschaft. Man hatte mir in der Einladung zugesagt, dass Weißbier serviert wird. Bis jetzt sitze ich auf dem Trockenen. Ich komme gerade von der fünften Hochzeit von Lothar Matthäus und habe einen ziemlichen Brand. Wenn da nicht gleich was geht, bin ich draußen aus der Show!"

„Schon gut Herr Manna, ein Versehen unsererseits. Ich lasse das gleich in Ordnung bringen."

„Wenn wir schon dabei sind", meldete sich der Bischof, „mein Rotwein fehlt auch. Das Mineralwasser hier ist nicht geeignet um mich geistig anzuregen."

„Überall wird gespart", mischte sich der Wirtschaftsminister ein. „Gerade die Öffentlich Rechtlichen Anstalten sollten beispielhaft vorangehen und es richtig krachen lassen. Sie animieren doch nicht, womit wir übrigens beim Thema wären, den Zuschauer zuhause in seinen vier Wänden zum Konsum von Snacks und Getränken, wenn sie uns hier vor drei Salzstangen und einem Glas Wasser pro Person sitzen lassen. Wissen sie überhaupt wie kontraproduktiv ihr Verhalten ist? Ich schlage vor sie machen eine Werbepause und lassen in dieser Zeit von einem Partyservice etwas Richtiges auffahren. Ich nehme jedenfalls nur noch unter Protest an dieser Talkshow teil!"

Nun stieg auch der Gesundheitsminister ein, während Huber zum Handy griff.

„Seit meiner frühesten Jugend bin ich es gewöhnt abends eine Kleinigkeit zu mir zu nehmen. Ich erinnere mich noch genau wie mir meine Mutter immer eine warme Milch und einen Keks vor dem Schlafengehen in mein Zimmer brachte. Diese Liebe Gewohnheit habe ich beibehalten. Ich hätte es sehr begrüßt, wenn sie sich im Vorfeld dieser Sendung intensiver mit meiner Vergangenheit auseinandergesetzt hätten. Im Übrigen kann ich nur dem von Herrn Bruder Gesagten zustimmen. Ich stehe voll zum Koalitionsvertrag. Wir müssen mehr verbrauchen, das schafft Arbeitsplätze. Dafür werde ich mich in meinem Ressort einsetzen. Auch hier gilt, mehr Kranke, umso mehr Arbeit für Ärzte, Pfleger und so weiter. Ich garantiere, das schaffe ich!"

„Jetzt mal langsam", mischte sich wieder Manna ein, „haben sie gerade wirklich Milch verlangt? Wo bin ich hier bloß gelandet? Wo bleibt das verdammte Weißbier?"

Nun war Alice dran.

„Herr Manna da muss ich ihnen zustimmen. Milch! Mit der Muttermilch beginnt die Ausbeutung der Frauen. Dies auch noch in einer Fernsehsendung fördern zu wollen, halte ich für sehr vermessen. Gott sei Dank, dass sich wenigstens Frau Woll von dieser Rolle der Frau verabschiedet hat. Kein Wunder, bei lauter Männern um mich herum, die nur ans „verbrauchen" denken. Da kann es einem wirklich Angst werden."

Lax wirkte sichtlich nervös, als er sich wieder in die Diskussion einklinkte.

„Gleichgeschlechtliche Partnerschaften bezeichnen sie als Befreiung? Das ist unglaublich. Wissen sie was es bedeutet die Familie im klassischen Sinne zu zerstören? Wenn es nur noch Schwule und Lesben gäbe, wer würde dann für den Fortbestand der Gesellschaft sorgen?"

Böser zeigte mit dem Zeigefinger der rechten Hand auf, während er zu reden begann.

„Verehrter Herr Bischof, auch dafür hat meine Partei vorgesorgt. Wir haben sukzessive unsere Samenbänke so aufgestockt, dass derzeit schon ohne Probleme eine ganze Generation nachgezüchtet werden kann. Das Austragen ist dann nur noch ein finanzieller Akt. Aber dafür bezahlt man gerne Steuern, weil die eigenen Interessen nicht beschädigt werden."

„Auf diese Gotteslästerung hin könnte ich einen Schluck Wein vertragen – aber hier gibt es rein gar nichts, außer diese fürchterlichen Reden."

Wieder der Sportmoderator.

„Sie haben recht Herr Bischof, ich bin dann mal weg!"

„Einen Augenblick noch Herr Manna", rief ihm Schorsch nach und wies auf den Studioeingang, der gerade geöffnet wurde.

Fünf attraktive Serviererinnen, in wunderschönen Dirndln, aus Hubers bestem Restaurant, dem „Königs Hendl", trugen auf großen Servierplatten die köstlichsten Speisen herein. Ihre Kollegen hatten inzwischen einen großen Tisch aufgestellt und gedeckt. Keine weiteren fünf Minuten später, standen Geschirr, Gläser und alles was man sonst zum Essen braucht bereit. Die Mitarbeiterinnen übernahmen den Service. Manna bekam sein Weißbier, der Bischof einen hervorragenden Rotwein, die anderen was immer sie mochten.

Huber klopfte mit einer Gabel an sein Weinglas.

„Meine Damen und Herren seien sie bitte meine Gäste. Ich hoffe ihnen munden die Kleinigkeiten aus meinem Hause. Das Buffet ist eröffnet, guten Appetit!"

Und direkt in die Kamera setzte er nach,

„Die Firma Hendl Royal bietet ab heute auch einen Heim- und Partyservice an. Näheres erfahren sie in unserer „Hendl Royal Woche", die sie kostenlos an jedem unserer Verkaufsstände und in unseren Restaurants erhalten."

Inzwischen hatte sich die Runde wie hungrige Wölfe auf das Buffet gestürzt. Vorneweg Lax, dicht gefolgt von Kratzer. Alice lud sich den Teller mit Weinbergschnecken voll. Der Bischof balancierte triumphierend eine kalte Schweinshaxe zu seinem Platz zurück. Böser löffelte in einem mit Kräutern angerichteten Quark herum. Dazu nahm er sich ein paar Kartoffelchips. Bruder hatte sich am Leberkäs bedient. Später stellte er fest, dass er angenommen hätte es wäre Entenbrust. Manna saß glücklich mit seinem Weißbier vor einer Brezel und Wurstsalat.
Die einzige die sich noch nicht bedient hatte, war Anne. Sie saß mit aschfahlem Gesicht auf ihrem Moderatorenstuhl und raufte sich die Haare. Ihre Frisur ähnelte inzwischen einem explodierten Handfeger. Einem hysterischen Anfall nahe fing sie an zu kreischen.
„Wissen sie denn nicht wo sie hier sind? Das ist doch kein Schnellimbiss!"
„Nein, da haben sie recht", erwiderte Lax, „viel besser!"
Der Rest der Runde stimmte fröhlich zu. Die Woll fing nun richtig zu schreien an. Schorsch beugte sich zu ihr runter und flößte ihr ein großes Wasserglas Wodka ein.
„Geht doch wieder", stellte er zufrieden fest.
„Geben sie mir noch eins", verlangte Frau Woll.
Huber tat wie ihm befohlen. Anne lehnte sich entspannt zurück und schüttelte nur noch den Kopf.
„Wie konnte mir das nur passieren?"

Manna hatte sich sein drittes Weizen geholt.

„Das Bier ist gut. So was bekomme ich in der Schweiz selten. Da muss ich morgen wieder hin. Und warum? Nur wegen der blöden Steuern muss man dort wohnen. Immer diese Reiserei!"

Böser erkundigte sich freundlich bei ihm.

„Haben sie denn eine Bahncard? Wenn sie so oft in die Schweiz fahren, würde die sich sicher lohnen!"

„Ich fahre immer mit dem Auto, schon wegen der Weißbier-Träger."

Alice mischte sich ein.

„In der Bahn werden in letzter Zeit häufig Frauen überfallen."

„Ha, ha, jetzt weiß ich auch warum so viele meiner Parteifreunde nicht mehr mit der Bahn fahren", sagte Bruder und schenkte sich noch mal aus der vor ihm stehenden Rotweinflasche nach.

Inzwischen war das ganze Fernsehteam über das Buffet hergefallen. Kameramann, Beleuchter, Tonassistent, alle die zugegen waren. Es herrschte ein heilloses Durcheinander.

„Endlich mal eine Talkshow bei der man sich wohlfühlt. Ich glaube das kommt auch gut bei den Zuschauern und überhaupt bei den arbeitenden Menschen hier im Studio und draußen rüber", meinte der Erzbischof.

„Ich glaube eher, das wird mich meinen Job kosten", jammerte Anne.

Die Wirkung des Alkohols schien langsam nachzulassen.

„Alle raus hier, aber plötzlich!", begann sie wieder zu kreischen.

Bruder stieß mit dem Bischof an.

„Wir trinken gemütlich unseren Schoppen aus und dann können wir ja noch woanders hingehen."

Der Bischof nickte.

„Gute Idee. Habe einen leckeren Tropfen zuhause. Aber den Proleten", dabei zeigte er auf den Sportmoderator, „und die Lesbe, nehmen wir nicht mit. Diese hysterische Person verdirbt uns noch den ganzen Abend."

Bruder stimmte zu.

„Den Böser brauchen wir auch nicht. Der verpetzt mich sonst morgen wieder bei der Schwuchtel. Die Kratzer sowieso nicht. Der Hendl Huber scheint ein ganz passabler Mensch zu sein, den könnte man vielleicht auch später mal brauchen."

„Eine Hand wäscht die andere", murmelte Lax sein Einverständnis.

Der Aufnahmeleiter erschien.

„Es tut mir leid, wir mussten die Sendung aus technischen Gründen abbrechen."

„Ist recht", meldete sich Manna, „schicken sie mir meinen Scheck bitte zu!"

„Und für diesen Saustall bezahlt der Sender pro Sendeminute über 3.100 Euro", schrie Woll wieder durch den Raum, „unglaublich, diese Bagage!"

Der Fernsehbildschirm wurde erst kurz schwarz. Dann folgte ein Werbespot. Ich krümmte mich vor Lachen in meinem Sessel, bevor ich den Fernseher ausschaltete.

Q

Gleich in der Frühe des nächsten Tages besuchte mich Schorsch. Er wirkte etwas verkatert, aber trotzdem sehr aufgekratzt.

„Hier lies mal!"

Er warf mir eine Tageszeitung auf den Frühstückstisch. Die Überschrift stach mir sofort ins Auge. „Katastrophe im DDF-Studio." Ich schenkte Huber Kaffee ein, während ich weiter las. „Woll entglitt die Moderation ihrer Sendung total. Gäste sorgten alleine für die Unterhaltung. Einziger im Studio der den Überblick behielt und sogar noch Werbung für seine Produkte machte, war der Chef des Unternehmens „Hendl Royal." Manna outet sich als Steuerflüchtling. Bruder hat Angst vor homosexueller Parteiführung. Erzbischof braucht Rotwein als geistige Anregung. Böser will durch Samenbänke für Schwulen- und Lesbennachwuchs sorgen. Woll inzwischen in Nervenklinik eingewiesen. DDF wünscht ihr alles Gute und entschuldigt sich bei den Zusehern. Und so weiter."

„Gratuliere Schorsch, hast du mal wieder sauber hingekriegt!"
„Stimmt, das war das zweitschärfste nach meiner Beetlegeschichte. Aber das Beste weißt du noch gar nicht."
„Was, noch besser?", fragte ich ungläubig.
Schorsch nickte und schüttelte den Kopf dabei.

Q

„Es war so gegen 23.00 Uhr. Das Fernsehstudio hatte sich geleert. Bruder kam auf mich zu."
„Der Erzbischof würde mit uns beiden bei sich noch gerne einen Schoppen Wein trinken. Will sagen, sie sind herzlich eingeladen. Ihm hat imponiert wie sie sich verhalten haben."

Ich überlegte kurz, dann sagte ich zu. Diese Kontaktmöglichkeit durfte ich nicht einfach sausen lassen. Gleich darauf saßen wir im erzbischöflichen Dienstmercedes. Der Gottesmann neben dem Fahrer, da bestand er drauf. Ich hinten neben Bruder. Auf Anweisung seines Chefs drückte der Chauffeur mächtig auf die Tube.

„Wir bezahlen keine Strafmandate, wir sind immer im Auftrag Gottes unterwegs, stehen deshalb auch dauernd unter seinem persönlichen Schutz."

Der Bischof lächelte. Doch nicht lange, da krachte es auch schon fürchterlich. Bruder wurde auf mich draufgeschleudert. Seine Hängebacken klatschten mir ins Gesicht. Lax hörte ich nur „Hoppala sagen."

Unser Fahrer hatte anscheinend eine rote Ampel übersehen. Ein bis zu diesem Unfall gut erhaltener Opel Manta war vom Mercedes am Heck erwischt und auf die gegenüberliegende Straßenseite geschleudert worden. Bevor sich die Beteiligten sammelten hatte ich mich von Bruder befreit.

Einem natürlichen Reflex folgend, entstieg ich dem Fahrzeug und stellte mich ungefähr zwanzig Meter entfernt auf den Bürgersteig. Ich brauchte keine Negativschlagzeilen. Glaube auch, dass es den beiden anderen recht war am nächsten Tag nicht mit mir in einem Atemzug genannt zu werden.

Dem Manta waren inzwischen vier in schwarzem Leder gekleidete Typen entstiegen. Einer mit Glatze, schwer tätowiert, hatte eine Platzwunde am Kopf. Ein zweiter, Bodybuildertyp mit Bart, hinkte. Den beiden anderen schien nichts zu fehlen. Mein Gastgeber und sein Begleiter, sowie der Fahrer, saßen noch immer im Wagen.

Langsam, grimmig dreinschauend, bewegten sich die Mantafahrer Richtung Mercedes. Auf halbem Weg fing der mit dem Cut am Schädel zu schreien an.
„Ihr habt wohl den Arsch offen, ihr Vollidioten? Wisst ihr was ihr da gerade zerlegt habt? Aus euch Vögeln machen wir Fricassee",
zu seinen Kumpels gewandt, setzte er nach,
„kommt Jungs die Penner machen wir fertig, so wie sie unser Schmuckstück fertig gemacht haben!"
Sie standen inzwischen vor dem ebenfalls schwer beschädigten Mercedes. Im Fahrzeuginneren keine Regung.
Der Bodybuilder sagte relativ entspannt,
„entweder ihr kommt freiwillig raus oder wir kommen mit dem Wagenheber rein."

Im Fahrzeug entstand Bewegung. Der Chauffeur hatte zum Handy gegriffen, während Lax vorsichtig das Fahrzeug verließ.
„Meine Herren regen sie sich bitte nicht auf. Der Schaden wird ersetzt", sagte er couragiert.
Doch da hatte ihn der hinkende Unfallbeteiligte bereits am Revers gepackt und schüttelte ihn.
„Da ist nichts mehr zu ersetzen, kapierst du das?"
„Bitte lassen sie mich los, ich bin der Erzbischof!"
Der verletzte Glatzkopf kriegte sich plötzlich vor Lachen nicht mehr ein.
„Das ist ja nun mal eine oberrattenscharfe Nummer. Er ist der Erzbischof! Fass' mich mal am Arsch, ich bin der Papst. Ringo, scheuere dem frechen Schwein eine."
Der so Aufgeforderte holte gerade zum Schlag aus, als Bruder zögerlich den Wagen verließ.
„Er ist der Erzbischof und ich bin der Wirtschaftsminister Bruder."

Glatze hatte vom Bischof abgelassen und brüllte vor Lachen.

„Das wird ja immer geiler mit den Typen. Jetzt hat der Bischof auch noch seinen Bruder dabei. Dass ihr warme Brüder seid, nehme ich euch sofort ab. Ansonsten lassen wir uns von euch nicht verscheißern. Ringo hau' dem rotzfrechen warmen Bruder eine rein."

Es klatschte heftig. Der Wirtschaftsminister hielt sich die linke Backe. Zu mehr kam es aber nicht, da ganz in der Nähe Polizeisirenen zu hören waren.

Ich war bis jetzt nicht aufgefallen. Anscheinend hatte niemand bemerkt, dass ich auch im Auto saß. Inzwischen bevölkerten einige Schaulustige den Unfallort. Reifen quietschen, die Straße war nun mit flackerndem blauem Licht überzogen, die Polizei war da.

„Da hat's ja ganz schön gekracht", stellte der anscheinend ranghöhere der beiden Polizisten fest, die sich dem Ort der Handlung näherten. „Wie ist denn das passiert?"

„Die sind wie die Irren bei Rot über die Kreuzung gefahren. Da drüben steht das Ergebnis. Oder besser der Rest unseres Oldtimers. Dann sind die auch noch frech geworden. Stellt sich doch der da als Erzbischof vor und der andere als sein Bruder!", schrie Glatze.

„Vielleicht hat er eine Gehirnerschütterung oder einen Schock, so was gibt es öfter", versuchte der Oberbulle die Luft rauszunehmen. Zwischen diese Fronten, zwei Verwirrte und vier Schlägertypen, wollte er nicht geraten.

„Ich bin der Lax, kennen sie mich nicht?"

Der Polizist schüttelte verneinend seinen Kopf. „Anscheinend ist es doch schlimmer mit ihnen als ich dachte."

Er nickte seinem Kollegen zu.

„Ruf' mal einen Krankenwagen", und wieder zum Bischof gewandt, „auf jeden Fall haben sie eine kräftige Fahne. Aber sie sind wohl nicht gefahren."

„Nein der da."

Lax deutete auf den nun auch ausgestiegenen Chauffeur.

„Haben sie was getrunken?"

„Ich trinke nie was. Aber das ist wirklich der Erzbischof und der Wirtschaftsminister."

„Das sind doch lauter durchgeknallte Spinner. Auf welchem Trip sind denn die", fing Glatze wieder zu schreien an, während er versuchte sich auf den Chauffeur zu stürzen, jedoch vom zweiten Polizisten zurückgehalten wurde.

„Ich krieg' dich noch an den Eiern du Scheißer. Nachts mit zwei Schwuchteln durch die Gegend gondeln, anderer Leute Ein und Alles zerstören und dann auch noch rotzfrech werden."

Währenddessen waren zwei weitere Polizeiautos und ein Krankenwagen vorgefahren.

„So kommen wir hier nicht weiter. Du fährst mit den Dreien ins Krankenhaus zur Untersuchung. Drogen, Geisteszustand und so weiter", wies er seine Kollegen an. „Ihr sackt die Vier ein und bringt sie aufs nächste Revier. Alle anderen nehmen hier den Unfall auf."

Unter Protest wurde Lax mit Begleitung in den Krankenwagen und die vier Rocker in zwei Polizeiautos verfrachtet.

Das war der Moment wo ich mich endgültig verdrückte. Ich lief zwei Straßen weiter und fuhr mit einem Taxi nach Hause.

„Wie geht's nun nach deiner Meinung weiter", fragte ich Schorsch.

„Ganz einfach. Die Identität der Beiden wird sich schnell herausgestellt haben. Es kann möglicherweise sein, dass die Presse morgen daraus eine schöne Story macht. Könnte ich mir jedenfalls gut vorstellen. Ich sehe förmlich die Bilder und Aussagen der Beteiligten vor mir. Dazu eine kleine Rückblende auf die Zeit vor dem Unfall. Verstehst du, Frau Woll und so! Aber das ist eigentlich alles unwichtig. Für mich ist lediglich relevant, dass ich mit Bruder und Lax ein sehr persönliches, gemeinsames Erlebnis hatte, worüber ich immer loyal schweigen werde. Allerdings wäre ich nicht abgeneigt, gegebenenfalls deren Unterstützung in Anspruch zu nehmen. Wie du weißt, entweder man macht etwas g'scheit oder richtig!"

Er stand mit den Worten „sorry, aber ich habe Anja gestern versetzt. Hatte vor mich nach der Sendung noch mit ihr zu treffen. Du weißt ja warum es nicht klappte. Jetzt aber nichts wie hin!"

Und draußen war er.

Q

Privatleben

Auf dem Weg aus meiner Wohnung zur Firma, stieß ich in Gedanken versunken fast mit Frau Glück zusammen. Einer inneren Eingebung folgend sprach ich sie über die übliche Begrüßung hinaus an.

„Haben sie sich schon gut eingelebt?"

„Ja, eigentlich schon. Es fehlen nur noch ein paar Kleinigkeiten, aber ich bin zufrieden. Wenn sie heute Abend Zeit haben, schauen sie doch mal rein."

„Mache ich gerne, so gegen 19.00 Uhr?"

„Perfekt", sie drehte sich zum Gehen um.

„Mögen sie vielleicht Brathähnchen?"

„Natürlich, warum?"

„Ich könnte welche mitbringen. Nicht dass sie mich falsch verstehen, ich möchte mich nicht bei ihnen zum Essen einladen. Ich würde ihnen einfach nur welche mitbringen."

„Wenn schon, denn schon. Warum sollten wir nicht gleich zusammen zu Abend essen", lächelte sie mich an.

„Einverstanden bis dann."

Wie auf Flügeln schwebte ich die Treppe hinunter und zur Tür hinaus. Erst die frische Morgenluft vor dem Haus gab mir das Gefühl wieder etwas fester auf dem Boden zu stehen. Sollte mein Leben plötzlich eine Wende nehmen? Wäre zu überlegen.

Q

Kaum war ich im Büro angekommen, als mir Melchior einen Zettel mit einer Telefonnummer zusteckte.

„Sie möchten bitte dringend zurückrufen."

Ich tat ihm den Gefallen. Nach dem dritten Tuten meldete sich Bruder.

„Herr Lux, ich habe schon dauernd probiert Herrn Huber zu erreichen, aber es gelingt mir nicht. Nun dachte ich mir seinen engsten Vertrauten, nämlich sie, mit einer äußerst delikaten Sache zu behelligen."

„Was kann ich für sie tun?"

„Herr Huber war doch gestern mit mir und einigen anderen Personen in dieser Talkshow."

„Ja, ich habe sie zu Hause verfolgt."

Mir war klar worauf die Sache hinauslief, aber ich wollte die Katze nicht zu früh aus dem Sack lassen.

„Schön, dann haben sie auch mitbekommen, dass die Sendung relativ schnell zu Ende war. Ich komme nun zu dem Punkt, der wie sie mir glauben können absolute Diskretion verlangt."

Bruder kam allmählich aus der Reserve.

„Auf mich können sie sich verlassen wie auf Herrn Huber selbst."

„Im Dienstwagen des Erzbischofs sind wir, das heißt, Lax, Huber und ich zusammen losgefahren um gemeinsam noch ein Viertelchen zu trinken. Soweit kam es leider nicht. Wir hatten unterwegs einen ziemlich schweren Unfall mit äußerst unangenehmen Begleiterscheinungen. Der Chauffeur, Lax und ich wurden in ein Krankenhaus zur Untersuchung gebracht. Übrigens eine typische Überreaktion und Inkompetenz der Exekutive. Huber war allerdings vom Unfallort verschwunden und wurde in dieser Nacht auch nicht mehr gehört und gesehen. Worum es uns geht. Wir haben ihn bei unseren Vernehmungen nicht erwähnt. Er war also sozusagen überhaupt nicht dabei. Wir möchten nun ausschließen, dass plötzlich noch ein vierter Mann ins Spiel kommt, nämlich ihr

Chef. Wir hoffen er hat sich bis jetzt nicht an die Behörden gewendet und tut dies auch in Zukunft nicht. Wir
wären ihm dafür sehr verbunden. Momentan ist das alles
noch eine rein politische Sache. Mit Huber würden die
Journalisten die Geschichte dann vielleicht in Richtung
Sauftour bringen. Sie verstehen? Darauf sind wir sicher
alle nicht aus. Bestellen sie ihm auch schöne Grüße, mit
dem Bedauern, dass dieser Abend so endete. Im Übrigen
hat er etwas gut bei uns."
„Seien sie völlig unbesorgt. Herr Huber hat sich heute
früh mit mir zusammengesetzt und geschildert, was in
der vergangenen Nacht passiert ist. Genau aus den von
ihnen genannten Gründen hat er sich gestern unauffällig
vom Unfallort entfernt. Auf seine und auch meine Loyalität können sie sich hundertprozentig verlassen."
Ich hatte mich einfach mit einbezogen. Man wusste nie,
wofür das irgendwann gut sein konnte.
„Nochmals vielen Dank und viele Grüße auch vom Herrn
Erzbischof."

Schorsch lachte herzlich, als ich ihm eine knappe Stunde
später am Telefon von dem Gespräch mit Bruder erzählte.
„Mal schauen wie wir den noch brauchen können. Zuerst
spielst du jetzt der Presse die Information zu, wie das
gestern Nacht tatsächlich gelaufen ist. Alle Details, das
heißt auch die Watschen die sich Bruder von dem Rocker
eingefangen hat. Und natürlich, dass beide stark ange-
trunken waren."
„Aber ich dachte?!"
„Überlassen wir das Denken den Pferden. Wir müssen
etwas Druck auf den Kessel geben, umso wertvoller wird
unser Schweigen. Kapiert? Ich bin der einzige glaubhafte

Zeuge, der alles bestätigen könnte. Natürlich werden wir offiziell schweigen, ist doch klar!"

Nochmal versuchte ich zu intervenieren, doch ich hörte Schorsch nur noch seinen Spruch „entweder man macht etwas g'scheit oder richtig", aufsagen, dann hatte er aufgelegt.

Nachdem ich zwanzig Kilometer quer durch München gefahren war, rief ich von einer Telefonzelle aus das Abendblatt an und gab meine Story, mit verstellter Stimme, zum Besten. Ob ich denn irgendwelche Beweise hätte. Schauen sie sich mal die rechte Backe Bruders an und befragen sie mal die beteiligten Rocker, die werden ihnen sicher bestätigen was sie gerade gehört haben. Danach legte ich auf und fuhr zu einer anderen Telefonzelle. Mein Gesprächspartner zum gleichen Thema war diesmal ein Redakteur der Südbayerischen, der sich zum Schluss des Telefonats noch zu dem Spruch hinreißen ließ, „glaube ihnen jedes Wort. War mir schon immer klar, dass das zwei ganz böse Finger sind. Denken sie nur an die Talkshow. Passt alles zusammen, vielen Dank auch." Es folgten noch zwei Anrufe bei anderen Zeitungen, dann glaubte ich meinen Auftrag erledigt zu haben.

Es war bereits Nachmittag als ich in Riem mein Büro betrat. Melchiors Sekretärin brachte mir Kaffee und Kuchen. Dabei fiel mir wieder meine Verabredung am Abend ein.
„Ist der Chef zufällig da?"
„Ja, er ist in seinem Büro."
Ich rief Melchior an und schilderte ihm was ich heute noch vorhatte. Lange Rede kurzer Sinn. Gegen 19.00 Uhr würde der Partyservice des „Königs Hendl" bei Erna mit

allem Drum und Dran vorfahren und ein erstklassiges Dinner ausrichten. Melchior ließ sich davon nicht abbringen. Schließlich kapitulierte ich.

Q

18.45 Uhr klingelte ich bei meiner Nachbarin. Ich hatte mich etwas in Schale geworfen. Kombi, weißes Hemd und so. Ach ja, frisch gekämmt war ich auch. Irgendwie kam ich mir vor wie ein Primaner. Erna öffnete.

„Sie sind aber pünktlich!"

„Ich gebe zu ich konnte es kaum noch erwarten."

Wir lachten beide. Ein guter Beginn.

„Sollten wir nicht noch vorher bei mir ein Glas Champagner trinken? Ich habe gerade eine Flasche aufgemacht. Kommen sie, bevor er warm wird."

Frau Glück ließ sich nicht zweimal bitten und schon waren wir in meiner Junggesellenbude. Sie sah ganz aufgeräumt aus. Kein Wunder, ich benutzte hauptsächlich das Bett, die Couch und den Fernseher. Meine Mahlzeiten nahm ich in der Regel außer Haus ein.

„Ist nett bei ihnen", zwitscherte Erna während wir uns zuprosteten.

Wir setzten uns mit unseren Gläsern und der Flasche auf die Couch.

„Ich muss aber etwas essen, sonst bekomme ich gleich einen Schwips. Wollten sie nicht Hähnchen mitbringen?"

„Ach ja, die werden gleich geliefert."

„Geliefert?"

Als ob es das Stichwort gewesen wäre. Mein Handy klingelte. Der Partyservice war da.

„Ich habe eine kleine Überraschung vorbereitet, sie vertrauen mir doch?"

„Aber natürlich."

„Darf ich sie dann um ihren Wohnungsschlüssel bitten, damit die Hähnchen bei ihnen serviert werden können?"

Erna nickte ungläubig, überreichte mir aber dabei, zwar etwas zögerlich, ihren Schlüssel.

„Einen Augenblick, sie rühren sich bitte nicht von der Stelle, sie verstehen - die Überraschung."

„Schon aber..."

Ich hatte bereits meine Wohnung verlassen und wies den Lieferanten den Weg in die gegenüberliegende.

„Wenn sie fertig sind, klingeln sie bitte bei mir."

Ich zeigte auf meine Tür.

„Ich muss sie warnen! Wenn sie jetzt meine Wohnung ausräumen lassen, bleibe ich heute Nacht bei ihnen", begegnete mir kess meine Nachbarin, mit ihrem Champagnerglas in der Hand.

So ermuntert antwortete ich nicht minder forsch,

„wenn das so ist, muss ich noch mal rüber gehen und neue Order erteilen."

Wieder hatten wir einen Grund herzlich zu lachen. Der Abend hatte gut begonnen. Nach einer knappen halben Stunde klingelte es an meiner Tür. Ernas Wohnung hatten wir beide inzwischen vergessen, die Flasche fast leergetrunken.

„Ich reichte Erna meinen Arm.

„Darf ich bitten."

Dann öffnete ich die Tür.

Vor dieser stand ein Oberkellner des „Königs Hendl."

„Meine Dame, mein Herr, es ist angerichtet."

Erna drückte sich etwas näher an mich, als ob sie sich fürchtete.

„Danke Herr Valentin", und zu Erna, „Herr Valentin ist Oberkellner im „Königs Hendl."

Erna riss die Augen auf und zeigte mit der ausgestreckten Hand auf ihre Wohnungstür. Diese war mit frischen Blumen geschmückt und mit einem Schild „Willkommen liebe Nachbarin", versehen. Jetzt bekam sogar ich einen Schweißausbruch, hatte Melchior da nicht ein bisschen übertrieben?

Wir betraten Frau Glücks Wohnzimmer. Ich hatte das Gefühl Erna zitterte etwas an meinem Arm. Sie schaute mich fragend an.

„Sind wir hier zu einer Hochzeit verabredet, oder wollten wir lediglich ein Hähnchen essen?"

„Ich gebe zu das Hendl ist etwas groß ausgefallen. Lassen sie mich das beim Essen erklären. Doch nehmen wir erstmal Platz."

Wir setzten uns an Ernas größten Tisch, der mit einer schweren Damastdecke, silbernen Kerzenleuchtern und Besteck sowie edlem Porzellangeschirr eingedeckt war. Herr Valentin zündete die Kerzen auf dem Tisch an während er fragte,

„darf ich Ihnen einen Aperitif servieren, vielleicht einen Champagner mit Orangensaft oder ein Glas Kir Royal?"

Erna schaute mich mit großen Augen an.

„Ich träume nicht, oder?"

Ich schüttelte den Kopf.

„Jetzt lassen wir es uns gut gehen und danach erkläre ich ihnen dieses Wunder. Was halten sie von einem Kir Royal?"

Sie hatte sich in ihr Schicksal ergeben und nickte. Dem Aperitif folgten fünf Gänge. Einer besser als der andere. Als das Dessert serviert war erlöste ich uns beide von dem bis dahin relativ konversationslosen Zusammensein, indem ich Herrn Valentin für den Rest des Abends von seinen Pflichten befreite.

Der Oberkellner hatte gerade die Wohnung verlassen, da ließ Erna auch schon die bis dahin aufgestaute Luft ab.
„Dass ich mir ein bisschen überrumpelt vorkomme werden sie verstehen, obwohl das ein wunderbares Abendessen war. Verzeihen sie meine Offenheit, aber ich glaube eine Gegenleistung von mir, die dies honoriert, erwarten sie doch wohl nicht?"
„Mir ist das Ganze auch ziemlich peinlich."
Dann fing ich zu erzählen an. Es wurde so eine Art Lebenslauf beziehungsweise Beichte, wobei ich über Schorsch allerdings nur Gutes erzählte. Erna entspannte sich von Minute zu Minute mehr und zeigte schließlich auch wieder ihr entzückendes Lächeln, während sie nun aus ihrem Leben zu berichten begann. Schließlich wusste ich auch, dass sie als Rechtreferendarin in einer Anwaltskanzlei tätig war. Bei dieser Eröffnung musste ich unwillkürlich lächeln. Vielleicht konnte ich ja irgendwann ihren juristischen Beistand brauchen. Nach einem abschließenden Glas guten Cognacs spürte ich, dass der Abend gelungen war. Trotz dieses wohl deutlich überzogenen Abendessens. Verständlich. Welche Frau erlebte bei ihrem ersten Rendezvous mit einem Mann schon solch eine Überraschung und fühlte sich in Konsequenz nicht geschmeichelt?

Um nicht aufdringlich zu erscheinen, verabschiedete ich mich frühzeitig, wie es sich nach meiner Meinung beim ersten Besuch gehörte. Schorsch hätte da sicher anders agiert. Bei diesem Gedanken huschte ein Lächeln über mein Gesicht, das durch einen Kuss auf meine rechte Backe noch verstärkt wurde.

In meiner Wohnung angekommen legte ich mich erst mal angezogen auf das Bett und starrte an die Zimmerdecke. Eigentlich war ich doch ein glücklicher Mensch, ging es mir durch den Kopf, während ich den leicht schwebenden Zustand genoss. Nur widerwillig stand ich dann irgendwann in der Nacht auf, zog mich aus, löschte das Licht und legte mich schlafen.

Q

Mein Schicksal ereilte mich am folgenden Morgen beim Frühstück. In Person von Georg. Er kam einfach so hereingeschneit. Wie es eben seine Art war.
„Respekt, ihr habt in eurem Mietshaus anscheinend Menschen mit gutem Geschmack."
Ich überriss nicht gleich was er meinte.
„Der Cateringwagen des Königs Hendl holt gerade hier Partygeschirr ab."
„Ach das. War meine Veranstaltung."
Ich erzählte ihm vom Vorabend.
„Nochmals Respekt, aus dir wird noch mal was. Hast ja auch immer ein gutes Vorbild in mir. Nicht wahr?"
„Und ob!" Weiter ging ich auf dieses Thema nicht ein.
„Vielleicht lassen wir irgendwann mal gemeinsam die Sau raus." Er schaute mich lauernd an.
„Schon möglich", wich ich misstrauisch aus, „sag' mir lieber was dich so früh schon zu mir führt?"
„Geschäfte, was sonst."

Q

Politische Karriere

Schorsch setzte sich und bat mich um eine Tasse Kaffee. „Die DDU kam auf mich zu. Sie wussten natürlich von meinem Erfolg in Wildbad Kreuth, bei der DSU. Die Kanzlerin soll etwas neidisch geworden sein, dass ein Redner und Stratege meines Formats nur bei der kleinen Schwesterpartei aufgetreten wäre. Drehhofer hat nun den Vorschlag gemacht mich zu den DDU/DSU-Spitzen nach Berlin einzuladen. Die Königin signalisierte auch gleich Interesse. Lange Rede kurzer Sinn, nächste Woche sind wir beide im Kanzleramt. Ich soll bei einer DDU/DSU-Ministerrunde beraten und moderieren, natürlich mit deiner Assistenz."

„Meinst du nicht, dass du den Politikquatsch langsam sein lassen solltest? Irgendwann redest du dich um Kopf und Kragen. Konzentriere dich doch lieber auf das Hendl Geschäft. Da haben wir schon lange nichts Neues mehr auf die Beine gestellt."

„Das wäre eigentlich deine Aufgabe gewesen. Ich spinne ein Netzwerk von Verbindungen und du bist zuständig für den Ideeninput. Dann setzt du das Ganze einfach um. Oder bist du derzeit mit privaten Dingen überlastet?" Schorsch grinste mich übertrieben kameradschaftlich an, wahrscheinlich um das Gesagte etwas abzumildern.

Q

Die nächste Woche war schnell gekommen. Erna traf ich nur noch einmal im Vorübergehen. Sie war für ein paar Tage zu ihrer kranken Mutter nach Augsburg gefahren. So sagte sie jedenfalls. Mir war es recht, hatte ich so doch meinen Kopf wieder etwas freier für unser Unternehmen und Georgs Auftritt in der Ministerrunde. Für diesen befanden sich diverse Unterlagen in meinem Koffer. Diesmal flogen wir glücklicherweise. Das heißt die Beetlegeschichte blieb mir bei dieser Beförderungsart erspart. Schorsch erinnerte mich allerdings während des Fluges daran, dass ich einst bei seiner Geschäftsidee an Stewardessen gedacht hatte und amüsierte sich köstlich darüber. Kurz vor der Landung fragte er mich noch, ob ich für seinen Vortrag alles wie besprochen vorbereitet hätte. Das hatte ich.

„Schlage vor wir schauen uns das noch mal im Hotel an."
Huber war einverstanden. Gegen Mittag erreichten wir das Interconti. Wir checkten ein, aßen etwas und gingen dann auf mein Zimmer um Schorsch zu präparieren.

Wir hatten genügend Zeit, denn wir wurden erst um 19.00 Uhr im Kanzleramt erwartet.
Ich legte ein paar Folien auf den Couchtisch vor dem wir saßen.
„Das ist die Geschichte mit der Pyramide. Dazu Kosten und Nutzen, inklusive Hendlsponsoring. Vorab aber die derzeitige politische Situation, nach dem Motto, wer kann wie, mit wem? Danach: Derzeitige Baustellen. Dazu Optionen und Perspektiven."
Schorsch nickte verstehend.
„Sollte ich alles draufhaben."

Q

Kurz vor dem vereinbarten Zeitpunkt betraten wir den Sitzungssaal des Kanzleramtes. Neben der Kanzlerin selbst begrüßte uns noch der Bayrische Ministerpräsident Drehhofer, Verteidigungsminister zu Butterberg, Finanz-

minister Schläuerle, von der Leiter, die Bildungs-
ministerin Schwan, de Misère und Polalla. Also fast die
komplette schwarze Ministerriege. Ich dachte mir die
Runde musternd, lauter ganz ausgeschlafene und ausge-
buffte, abgebrühte Figuren, die sich schon allerhand an-
gehört und selbst verzapft hatten. So groß konnte der
Schmarrn den Schorsch gleich vom Stapel ließ gar nicht
sein, als dass dieser auf besondere Verwunderung oder
Empörung stoßen würde. Hier musste man sich weniger
vor kritischen Fragen fürchten, als wenn man mit Vor-
schulkindern einen Zoobesuch machte.

An der Stirnseite des großen Sitzungstisches hatte Frau
Melker Platz genommen. Wir saßen gegenüber. Links
und rechts die anderen Teilnehmer, die sich intensiv mit
ihrem Tischgedeck, Mineralwasser, Kaffee, Keksen, belegten Schnittchen und Anderem, beschäftigten.
Nach einer kurzen Begrüßung forderte Melker Huber
wörtlich auf, loszulegen. Loslegen, das konnte er!

Er gab mir ein Zeichen, die erste Folie auf den Overheadprojektor zu legen. Es war eine Pyramide. Ganz unten die
breite Masse der Bevölkerung. Auf der nächsten Ebene,
Unternehmer, dann Beamte und Angestellte des öffentlichen Dienstes. Die Bundestagsabgeordneten, darüber die
Minister. Ganz oben die Kanzlerin. Es gab entsprechend
sechs Ebenen.
Mit einem Stock zeigte Schorsch auf das Gebilde an der
Wand.
„Man könnte diese Struktur noch besser unterteilen beziehungsweise verfeinern, aber zum Veranschaulichen
sollte dies genügen. Das Volk ganz unten, die Kanzlerin

ganz oben. Sie kennen alle den Spruch – Der Fisch fängt zuerst am Kopf zu stinken an."

Bei diesem Satz wäre Melker fast die Kaffeetasse aus der Hand gefallen und Polalla verschluckte sich an einem Keks. Hustend legte er dabei seine unangenehmen, hervorstehenden Eckzähne frei. Drehhofer musste ihm kräftig auf die Schulter klopfen. Mir ging durch den Kopf - doch noch etwas Leben in diesen Figuren. Schorsch fuhr fort.

„So denkt jedenfalls die breite Masse. Sie kennen den Ruf nach mehr Führung durch die Kanzlerin und so weiter. Dieser erfolgt nicht nur durch das Volk, sondern hauptsächlich durch den politischen Gegner."

„Ich habe alles im Griff", warf die Kanzlerin mit einem belegten Brötchen in der Hand ein.

Polalla, wieder zu Atem gekommen, zeigte sein unverwechselbares Lächeln und nickte zustimmend.

"Gemeinsam mit nicht Gleichgesinnten bekommen sie einen Imagewechsel nicht hin. Das heißt sie müssen sich deutlich abgrenzen, eigene Wege gehen und beweisen, dass sie die Volkspartei schlechthin sind."

Georg nahm einen Schluck Wasser, während er in die Runde sah. Diese wirkte relativ ruhig. Wie ein Kaffeekränzchen, das entspannt ein paar Kekse genoss und sich dabei etwas unterhalten ließ.

„Umdrehen", rief deshalb Schorsch unvermittelt laut.

Schläuerle fuhr erschreckt aus seinem Rollstuhl hoch, als ob er laufen konnte, um sich dann wieder in diesen fallen zu lassen. Ich hatte getan wie mir befohlen und die Pyramide umgedreht, das heißt auf den Kopf gestellt. Also die Kanzlerin ganz unten und der breite Sockel mit dem Volk ganz oben.

„Was beschäftigt sie, die Bevölkerung, die Koalitions-partner und die Opposition derzeit am meisten?"
Schorsch gab mir ein Zeichen. Unter die Pyramide blen-dete ich jetzt – Afghanistan, Steuersenkungen, Gesund-heitspolitik, Atompolitik im Iran, Ausgaben für Kinder und Hartz IV ein.
„Die bisher erfolgte Kritik an ihrer Partei zu den gezeig-ten Punkten erfolgt immer von unten nach oben. In den höheren Ebenen, die sie umso mehr abschirmen sollten, je höher sie angesiedelt sind, wird diese Kritik aus unter-schiedlichsten Interessen nicht aufgefangen oder zumin-dest abgeschwächt, sondern sogar verstärkt nach oben weiter gegeben. In diesem Dilemma befinden sie sich nach meiner Meinung. Sie haben derzeit, so wie das alles unter, beziehungsweise neben ihnen strukturiert ist, nichts zu gewinnen. Machen sie in dem Stil weiter und von der schönen großen, konservativen Volkspartei wird bald nichts mehr übrig sein. Glauben sie mir das. Die DSU und auch ihre Partei Frau Bundeskanzlerin können doch schon jetzt ein Lied darüber singen, oder nicht?"
Zu Butterberg war beim Erwähnen der DSU aus seinem Spätnachmittagsschlaf aufgewacht.
„Wir haben unsere Geschütze schon in Stellung gebracht, wenn sie das vielleicht meinen", polterte er unvermittelt los.
Drehhofer starrte ihn verständnislos an, während die an-deren zustimmend nickten. Total abgefahren, dachte ich bei mir und musste ein Lachen verkneifen.

„Wie können sie das ändern?"
Bevor die Zuhörer total wegdämmerten fuhr Schorsch vehement mit lauter Stimme fort.

„Es gibt drei Möglichkeiten. Die erste, sie marschieren mit 30.000 Mann in Afghanistan ein und bombardieren gleichzeitig die Kernkraftwerke im Iran. Eine Strategie, die die Amerikaner seit Jahrzehnten erfolgreich praktizieren. Ihre Innenpolitischen Schwierigkeiten sind sie dann Ruckzuck los. Eine Alternative zu ihrer Politik wird es dann so schnell nicht mehr geben."

Schläuerle hatte immerhin bei diesen Worten angefangen intensiv in der Nase zu bohren. Auch die anderen kamen langsam wieder in Bewegung und schenkten sich Getränke ein. Sind die alle high, ging es mir durch den Kopf? Normal waren die nicht, das war deutlich zu erkennen. Oder waren sie vielleicht von einem anderen Stern?

„Wenn sie diesen Weg nicht unbedingt bevorzugen, sollten sie den zweiten wählen."

Schorsch drehte sich zur Wand und deutete auf die Pyramide, die jetzt auf dem Kopf stand.

„Sie lassen die da oben, also das Volk sagen, was sie anders machen würden. Die Vorschläge landen jeweils in der nächsten Ebene und werden so bis zur Kanzlerin weitergegeben. Jede Änderung der Volksmeinung auf dem Weg zu Ihnen, erfolgt nicht durch sie Frau Melker, sondern nachweisbar durch andere. Sie nehmen dadurch eine unantastbare Position ein und können immer mit reinem Gewissen behaupten, für nichts verantwortlich zu sein. Dies gilt auch mit leichten Einschränkungen für Ihre Minister, also der Ebene über, bzw. unter Ihnen. Auf die Umsetzung komme ich später zurück."

Jetzt waren alle Anwesenden ganz Ohr. Drehhofer ließ ein „genial" hören. Melker sagte, „so was hatte ich immer schon vor."

Zu Butterberg hakte nach, „wie war das mit der ersten Möglichkeit?"

„Lassen sie mich gleich zur dritten kommen. Diese ist nichts anderes als eine Kombination aus der ersten und der zweiten. In Konsequenz, das Volk sagt an und die Truppen marschieren. Da geht kein Tropfen Wasser durch. Da brauchen sie nur noch durchs Land reisen und sich feiern lassen."

„Hört sich recht plausibel an, aber wie stellen sie sich die Umsetzung vor?", fragte von der Leiter nach.

„Dies ist nun der einfachste Teil."

Schorsch gab mir ein Zeichen. Ich legte die Folie, „Wir sind das Volk", auf.

„Können sie sich noch an diese Parole aus dem Jahr 1989 erinnern? Sicherlich. Wollen sie darauf warten bis diese Rufe wieder ertönen. Sie sind nicht mehr weit entfernt davon. Also setzen sie sich lieber selber schnell ans Steuer und bestimmen die Richtung. Sagen sie den Menschen, dass sie ihr Schicksal selbstbestimmt und nicht bevormundet in die Hand nehmen sollen. Rufen sie, die christlichen Parteien, Bürgerversammlungen ins leben, die wirklich aus ganz normalen Menschen zusammengesetzt sein müssen. Doch bitte keine Beamten und Mitarbeiter des öffentlichen Dienstes. Davon gibt es schon im Bundestag genügend, nämlich zwei Drittel aller Abgeordneten. Machen sie Schluss mit dieser Verwaltungsrepublik, die nur darauf bedacht ist eigene Pfründe zu wahren. Sie haben das bisher gerne laufen lassen, nicht zuletzt wegen Ihrer zu erwartenden Renten."

Leichter Unmut wurde laut.

„Tun sie nicht so, sie wissen genau wovon ich spreche. Mit dieser Denke kommen sie aber nicht mehr lange durch. Umdenken ist angesagt. Ich betone ausdrücklich, ich sage das Alles in ihrem Interesse. Sie sollten dabei bundesweit flächendeckend vorgehen. Meiner Meinung nach müsste ungefähr ein Promille der Bevölkerung vertreten sein. Starten sie, die Christdemokraten, mit dieser Idee, bevor ihnen eine andere Partei zuvor kommt. Spielen sie wieder die Karte – große Volkspartei – aus und werden sie wieder zu dieser. Noch mal, es ist fünf vor zwölf!"

Melker hatte sich wieder entspannt und nickte langsam zustimmend.
„Sie meinen also wir sollen die breite Masse auffordern zu artikulieren was sie will, um uns dann daran zu orientieren?"
„Genau! Dabei gibt es mehrere positive Aspekte. Sie sind die ersten, die diese Idee flächendeckend umsetzen. Was haben die anderen Parteien dagegenzusetzen? Bestenfalls können sie nachahmen was sie vormachen. Das Urheberrecht bleibt aber bei ihnen. Zweitens, sie beschäftigen das Volk und gewinnen Zeit. Sie sind in der Lage in dieser Phase immer auf neu angedachte Entwicklungen zu verweisen, die gerade vorbereitet werden. Drittens, bei Fehlentscheidungen ziehen sie sich in Zukunft argumentativ einfach auf den Volkswillen zurück"
Zu Butterberg strich sich übers Haar.
„Hört sich genial an. Auf diese Weise könnte man sicher auch in der Verteidigungspolitik etwas mehr Luft bekommen. Ich denke da zum Beispiel an die Krieger- und Veteranenvereine, die als Basisbürger auftretend bestimmt etliche gute Vorlagen geben würden."

„Bravo, sie haben es auf den Punkt gebracht. Genauso verhält sich das auch mit allen anderen Ministerien. Nun zur Umsetzung."

Schorsch schnippte mit den Fingern in meine Richtung. Ich legte die nächste Folie auf den Overheadprojektor. Auf dieser war ein Hendl-Verkaufswagen unserer Flotte dargestellt. Ungläubiges Kopfschütteln machte sich unter den Zuhörern breit.
„Nein, nein, wir haben uns nicht in der Folie vergriffen. Genau das was sie sehen ist die Zukunft!"
Schorsch legte eine Kunstpause ein, während welcher er zweifellos die desorientierten Blicke seines Publikums genoss, bevor er fortfuhr.
„Mit unseren Verkaufswägen sind wir in München fast überall vertreten. Dazu kommen noch meine Gasthäuser. Ich biete ihnen hiermit an, diese als Bürgeranlaufstationen und Treffpunkte zu nutzen. Impuls- und Ideengeber ist die Firma Hendl Royal. Sie bleiben natürlich in dieser Phase im Hintergrund. In der Hendl Flug Woche wird das Ganze publiziert und am Leben gehalten. Freiwillige, die wöchentliche Bürgerversammlungen vor den Verkaufswägen abhalten, lassen sich sicher genügend finden. Von diesen gewählte Delegierte treffen sich dann monatlich in einem meiner Gasthäuser. Dort werden die gesammelten Meinungen zusammengefasst und schließlich an ihre Partei, momentan in Bayern die DSU, übergeben. Diese wiederum leitet die Volksmeinung weiter, bis sie schließlich und endlich bei ihnen Frau Kanzlerin angekommen ist. Sie veranlassen dann gegebenenfalls die Realisierung."

„Moment mal, soll das heißen ich regiere gar nicht mehr, sondern setze nur das um was die große Menge für richtig hält?"

„Bravo, ganz richtig! Das ist im Grunde nichts anderes als sie heute machen. Bisher sehen sie zu, wie ihnen untergeordnete Mandatsträger das Regierungsschiff dauernd zum Kentern bringen. Das Wasser steht ihnen doch allen schon bis zum Hals! Sie werden von der breiten Masse da draußen nur noch kritisiert. Schauen sie sich doch nur die Umfragewerte der Koalitionsparteien an. Also ab sofort drehen wir den Spieß um!"

Schorsch hatte das Ruder an sich gerissen, die Gesichter im Saal hingen fast flehentlich an seinen Lippen. Die Kanzlerin war in ihrem Stuhl förmlich zusammengesunken, nickte allerdings zum Zeichen der Zustimmung mit dem Kopf. Was blieb ihr auch übrig. Bei dem Anblick, den sie in diesem Moment bot, erinnerte ich mich wieder an Georgs Auftritt bei Anne Woll. Wo sollte das noch enden. Was hatte er vor? Gab es da etwas, das nicht einmal ich ahnte? Mit Sicherheit! Ich wurde aus meinen Gedanken gerissen, da Huber wieder vehement loslegte.

„Was ihnen die Bürgerforen vorschlagen setzen sie um. Das kann noch so blödsinnig sein! Tun sie es! Wohin die Kugel rollt ist ihnen doch sowieso egal. Wichtig ist, dass sie an der Macht bleiben, beziehungsweise ihre Posten behalten. Das ist wenn sie so wollen Umsetzung vor Meinungsforschung. Verstehen sie? Warum erst die Demoskopen nachfragen lassen und dann dem Trend hinterher hecheln? Setzen sie den Trend um, bevor ihn Meinungsforscher prognostizieren."

„Fantastisch", hörte man zu Butterberg rufen.
Im Raum wurde es aufgeregt unruhig. Ich kannte das.
Huber hatte es wieder mal geschafft. Jetzt fehlte nur noch
das Finale. Das ließ nicht lange auf sich warten.
„Ich sehe meine Damen und Herren, meine schlichte und
doch so effektive Botschaft ist angekommen. Lassen sie
mich ihnen zum Schluss ein Angebot machen. Meine
Organisation steht ihnen voll und ganz zur Verfügung.
Voraussetzung ist natürlich, dass sich mein Hendlimperium schnell auf ganz Bayern ausbreiten kann. Dies
müsste innerhalb von drei Monaten zu schaffen sein. Das
geht natürlich nur mit ihrer Unterstützung. Ich brauche in
allen größeren Städten des Landes gute, zentral gelegene
Stellplätze für meine Verkaufswägen. Die kommunalen
Behörden müssten mir wohl gesonnen sein. Das müsste
sich doch machen lassen, oder? Dass ich von Ihnen bei
der nötigen Kreditaufnahme unterstützt werde, setze ich
als selbstverständlich voraus. Sind wir uns bis zu diesem
Punkt noch alle einig?"
Zustimmendes Gemurmel umgab uns.
„Um die Sache abzurunden. Ich plane im gleichen Zuge
den Börsengang. Es entsteht die Hendl Royal AG. Da
wird es natürlich Vorstands- und Aufsichtsratsplätze zu
besetzen geben. Auch hier werden wir uns einig werden
meine Damen und Herren. Schließlich und endlich erfolgt innerhalb eines weiteren halben Jahres die Expansion über das ganze Bundesgebiet. Flankiert wird dies alles
von meinem derzeit letzten Vorhaben. Ich gründe einen
eigenen TV-Sender. Richtig! Er wird heißen Hendl-
Royal-TV."
Huber ballte die rechte Faust und stieß sie entschlossen
mit dem Ausruf,

„wir sollten nun endgültig in einem Boot sitzen", in Richtung Saaldecke. „Können sie sich vorstellen, was wir alleine mit diesem Sender in unserem Sinne bewegen werden?"

Diese Aktion wirkte auf mich gefährlich, gleichzeitig aber auch mitreißend. So erging es wohl auch den Zuhörern. Bis auf den Rollstuhlfahrer waren alle begeistert von ihren Sitzen aufgesprungen und applaudierten. Schorsch hatte mal wieder auf ganzer Linie überzeugt und gewonnnen.

Q

Es kam nun was kommen musste. Huber eröffnete ein großes Büro in München. Dort bereitete er mit seinem Banker den Börsengang vor. Seine hauptsächliche Tätigkeit bestand allerdings darin Kommunal- und andere Politiker zu empfangen, die ich dann als sein Vertrauter verwöhnen durfte. Ich war bemüht und bekam das anscheinend ganz gut hin, ihnen jeden Wunsch von den Lippen abzulesen. Ein kleiner Fingerzeig der Gäste genügte um das Nötige zu veranlassen. Ich hatte vollkommen freie Hand. Vor diesem Hintergrund wunderte es mich nicht, dass Schorsch tatsächlich innerhalb von sechs Monaten mit Hendlverkaufsständen in ganz Bayern vertreten war.

Mir war die ganze Sache inzwischen eine Nummer zu groß geworden. In einem Vorstand oder Aufsichtsrat einer Aktiengesellschaft hatte ich nichts verloren. Ich beschränkte mich ab sofort nur noch auf meine Beraterrolle. Georg war damit sehr einverstanden. Einerseits konnte er mich ab und zu noch um eine ehrliche Meinung fragen, andererseits war er froh, dass ich mich freiwillig aus seinen immer größeren Geschäften raushielt. Schließlich war es bestimmt richtig, dieses neue Imperium ohne jegliche „Altlasten" zu starten. Mit meinem guten Gehalt ausgestattet, konnte er sich ferner meiner dauernden uneingeschränkten Loyalität sicher sein. Ich war fast am gleichen Punkt angekommen wie damals, als Schorsch und ich uns das erste Mal trennten. Ich besaß zwar noch nicht die Freiheit, als dass ich mich hätte wieder monatelang nach Gran Canaria zurückziehen können. Doch irgendwie fühlte ich mich so. Trotzdem, die Rolle des Zuschauers beim großen Spiel, der ab und zu sogar noch ganz nah dran ans Spielfeld durfte, oder sogar Zugang zur Umkleidekabine hatte, machte mir richtig Spaß.

Q

Erna hatte ich allerdings zu diesem Zeitpunkt fast völlig aus den Augen verloren. Ich war sicherlich viel unterwegs in den letzten Tagen. Sie hätte trotzdem mal bei mir klingeln können. Möglich dass sie mich für einen Hochstapler hielt, nach meinem glorreichen Auftritt am ersten gemeinsamen Abend. Konnte auch sein dass mir der nötige Drive fehlte um Erna zu gewinnen. Wahrscheinlich war ich auch zu faul dazu, oder hatte Angst vor der eigenen Courage. Irgendetwas davon war es wohl.

Q

Über die Hendlzeitung waren tatsächlich wie angedacht Bürgerversammlungen einberufen worden. In ganz Bayern standen nun an Georgs Hendlbratereien über Politik diskutierende Menschen. Die aktiven Teilnehmer und das waren pro Verkaufswagen im Schnitt 800 Menschen, bekamen einen offiziellen Ausweis. Dieser trug auf der Vorderseite einen Hahn, über dem stand, „Jetzt gackere ich!" Auf der Rückseite die Daten des Inhabers. Diese Card-Holder waren stimmberechtigt wenn es darum ging, Meinungen zu sammeln, die an die Politiker weitergegeben werden sollten. Ferner, und das war mindestens genau so wichtig, bekamen sie das halbe Hendl 30% billiger. Als ich das mitbekam musste ich schmunzeln. Wieder das alte System. Da ließ sich einiges vor dem Finanzamt verschleiern. Hubers Kasse stimmte auf jeden Fall.

Hendl-Royal-TV startete zu gleicher Zeit in Bayern. Auch hier nach altem Muster. Neue Verkaufsstandorte wurden vorgestellt, natürlich inklusive der ganzen Historie des Ortes und dessen Sehenswürdigkeiten. Selbstverständlich kamen auch wesentliche Mitglieder der Gemeinde, wie in aller Regel der Bürgermeister zu Wort – meistens kräftig in ein saftiges Hendl beißend. Fast nebenbei, aber immer und deutlich, wurde die politische Meinung der Bürger kundgetan. Über die offiziellen Versammlungen, bei denen man die Bürgermeinungen an die Politiker weitergab, wurden TV-Liveberichte gesendet. Natürlich gab Georg immer seinen Senf dazu. Warum auch nicht, es war ja sein Sender.

Bald war Georg bekannter als jeder bayerische Politiker. Auf der Straße wurden seine Meinungen häufig zitiert. „Habt ihr gehört was der Huber wieder gesagt hat?" Wer darauf mit „Nein" antwortete, erntete meist nur verständnislose Blicke. Schlimmstenfalls begegnete einem blanker Hohn.

Q

Der Minister

In den politischen Meinungsumfragen punktete die DSU von Woche zu Woche mehr. Die Partei vergaß nicht wem man das zu verdanken hatte. Man machte Schorsch förmlich zum Hahn im Korb. Bei jedem Staatsempfang und anderen offiziellen weltlichen, wie auch kirchlichen Anlässen, wurde Georg eingeladen und saß dabei nicht selten in der ersten Reihe, ganz in der Nähe des Ministerpräsidenten. Schließlich trat Georg Huber nicht in die DSU ein – sondern ließ sich dazu drängen. Ein Landtagsmandat bei den anstehenden Wahlen wurde garantiert. Er konnte gar nicht anders, wusste er doch, dass dies der ausdrückliche Wunsch der Straße war. Allein seine Kandidatur brachte einen neuen, positiven Schub für seine Partei. Huber saß schließlich im Landtag. Die DSU hatte wie in alten Zeiten haushoch gewonnen. In erster Linie natürlich wegen dem neuen Hoffnungsträger der Firma Hendl Royal.

Q

Direkt nach den Wahlen gab Georg auf seinem Anwesen bei Berg am Starnberger See ein, wie viele Besucher später berichteten, was die Ausstattung der Veranstaltung betraf, richtungsweisendes Sommerfest. Alles was Rang und Namen hatte war zu Gast. Riesen Parkareale waren rund um den See abgesperrt. Die Ankommenden von dort mit Limousinen zum Ort des Geschehens gefahren. Selbstverständlich gab es auch einen Hubschrauberlandeplatz. Die Geladenen wurden am Eingang des Anwesens von Bediensteten, die Hühnerkostüme trugen, empfangen und zu ihren Plätzen geleitet. Auf den Tischen, die mit Platzkarten bestückt waren, stand für jeden Besucher ein kleines Gastgeschenk. Wie konnte es anders sein. Es war ein Miniaturhendl aus Gold, das auf der Brust ein bayerisches Wappen trug.

Eigentlich erübrigt sich von der Unzahl der Ehrengäste zu berichten. Wichtigster Gast und der soll erwähnt sein, war die Hauptrednerin des Abends, natürlich die Bundeskanzlerin. Sie gab amüsiert zum Besten, dass sie von Sakradi aus Frankreich angerufen wurde. Dieser hätte um Amtshilfe à la Huber gebeten. Ob denn nicht ein Franchising möglich wäre. Es folgten die üblichen Floskeln. Dann der beste Teil, das Schlusswort. Anscheinend aufgrund der dargereichten Getränke aber sicher auch aus einer gewissen Euphorie heraus, ließ sie es sich tatsächlich nicht nehmen zu sagen, ihr goldenes Gastgeschenk mit der rechten Hand nach oben haltend,
„Hendlein, Hendlein in der Hand, wer ist der Beste im ganzen Land?"
Woraufhin alle Versammelten, mit ihrem Glas in der Hand, „Georg Huber", riefen und diesem dann unter stürmischem „Hurra" zuprosteten.

Georg nahm diese Huldigungen mit Würde entgegen. Ich stand etwas abseits und genoss die Szene.
Nach all den Ovationen widmeten sich die Gäste dem Büffet und den vorzüglichen Getränken, die in nicht endendem Maße von als Hühner verkleidetem Personal serviert wurden.
Diesen Moment der relativen Ruhe in all dem Trubel nutzte der Ministerpräsident um Georg auf die Seite, also etwas aus dem Rampenlicht zu führen. Er eröffnete mit:

„Sie sind ein ausgezeichneter, wirklich ganz formidabler Mann."

„Ich danke ihnen!"

„Ihre wirtschaftlichen, sowie politischen Kenntnisse und nicht zuletzt ihre Popularität, befähigen sie zu Höherem. Lassen sie mich hier im Angesicht dieses schönen Festes ihnen unter vier Augen, von Mann zu Mann, eine Frage stellen. Würden sie in meinem Kabinett die Position des Wirtschaftsministers übernehmen?"

„Das kommt sehr überraschend. Trete ich damit nicht in Konkurrenz zum derzeitigen?"

Der Ministerpräsident näherte sich bis auf ein paar Zentimeter Hubers Ohr.

„Ist sowieso eine Flasche die ich schon lange loswerden will. Wenn ich sie jetzt präsentiere, wird die ganze Öffentlichkeit dafür sein. Mein politisches Umfeld hält dann schon opportun die Klappe. Sie verstehen?"

„Sie meinen wirklich ich könnte ihnen nützlich sein?"

Der bayerische Regierungschef streckte seine Hand aus und sagte,

„schlagen sie einfach ein!"

Einen Monat später war Georg bayerischer Wirtschaftsminister.

Q

Die Bundeskanzlerin hatte schon die ganze Zeit die Entwicklung in Bayern misstrauisch und vor allem neidisch beobachtet. Irgendwie sollte, beziehungsweise musste sie direkt am Erfolg dieses Hendlkönigs und der DSU partizipieren. Wenn sie versonnen das goldene Hendl von Hubers Fest auf ihrem Schreibtisch betrachtete, spürte sie förmlich, dass ihr der bayerische Ministerpräsident mit Georg an seiner Seite, einfach zu stark wurde.

Nicht nur die Kanzlerin, sondern auch ihre Partei bekam diese Entwicklung natürlich mit. Sie setzten deswegen alles daran, dass Hubers Hendlimperium sich bundesweit ausdehnte und nach dem gleichen Prinzip wie in Bayern für die DSU, auch für sie arbeitete. Dies war dann noch mal ein halbes Jahr später geschafft. Prompt stiegen in allen Bundesländern die DDU-Umfragewerte.

Die Hendl-Royal-Woche und Hendl-Royal-TV wurden zu wesentlichen Meinungsmachern in Deutschland. Nach wie vor trug man die Basismeinungen der Bürger eifrig zusammen und gab sie an die konservativen Parteien weiter. Ein Großteil davon setzten diese tatsächlich um. Der Mittelstand, der BDI, ja selbst die Kirche standen dieser Entwicklung zunehmend skeptisch gegenüber. Ihre Worte trafen aber auf taube Ohren, da inzwischen die Schwarzen Politiker fester in ihren Sätteln saßen, als jemals zuvor. Die Oppositionsparteien jammerten nur noch durchs Land, die DDU/DSU hätte sie links überholt und ihre ureigensten Positionen besetzt und so weiter. Dabei lief alles wie normal weiter. Ab und zu wurde links angetäuscht, aber wie immer konsequent rechts vorbeigefahren. Ansonsten einfach zugeschaut, egal wohin die Kugel rollte. Hauptsache die Meinungsumfragen stimmten. Und es lief prima so.

Q

Die Kanzlerin hatte Bayern weiter im Auge behalten. Nach ihrem erfolgreichen Prinzip – teilen und herrschen

– ergab sich für sie am Rande eines Staatsempfangs in Berlin, zu dem auch Huber geladen war, die Möglichkeit mit diesem zu sprechen und aktiv zu werden.

„Ich muss schon sagen, es ist erstaunlich was sie alles leisten. Ihr Hendlimperium, ihr Staatsamt und ihre außerordentlichen Verdienste für DDU und DSU. Männer ihres Kalibers findet man ganz selten. Ich weiß wovon ich spreche!"

„Herzlichen Dank, aber ich darf das Kompliment gerne an sie zurückgeben. Sie gehen ja wirklich äußerst professionell mit den neuen politischen Ansätzen ihrer Partei um."

„Im Vertrauen, bei ihrer Vor- und Zuarbeit ist das auch nicht schwer. Aber konkret. Finden sie nicht, dass sie ihr Talent in Bayern verschwenden? Könnten sie sich nicht vorstellen mit mir in Berlin zusammenzuarbeiten?"

„Das wäre eine große Ehre, aber sie wissen, der bayerische Ministerpräsident zählt voll und ganz auf mich."

„Zählen sie nicht zu viel auf ihn, es könnte sein, dass er in größeren Problemen steckt."

„Wie das?"

Melker hielt die Hand vor ihren Mund und schaute den Wirtschaftsminister verschwörerisch an.

„Haben sie noch nicht gehört, diese Frauengeschichte?"

„Ach das."

„Lassen sie sich das was ich ihnen gesagt habe bitte durch den Kopf gehen."

Damit entfernte sie sich auch schon wieder.

Q

So lautete jedenfalls Georgs Bericht den er mir am nächsten Tag beim gemeinsamen Frühstück gab. Ich hatte ihn als sein Gast nach Berlin begleitet und in seinem Hotel übernachtet. Auf meine Frage, wie er sich denn entscheiden würde, zuckte er nur mit den Schultern und schaute mich nachdenklich an.

„Sagen wir mal so. Kann sein, dass du mich bald öfter in Berlin besuchen musst."

„Dein Ernst?"

„Nochmal, kann sein. Aber du weißt ja, entweder macht man etwas g'scheit oder richtig!"

Mir schwante Übles. Vielmehr ich wusste was nun wieder kommen würde.

Q

Kurze Zeit später warf der Bundeswirtschaftsminister das Handtuch. Er war untragbar geworden, weil er nicht den sozialen Forderungen der Kanzlerin und vor allem des Hendl-TV, aus wirtschaftlichen Erwägungen nachkam. Dafür gab es wieder mal Pluspunkte für die „soziale" Kanzlerin. Diese erhöhten sich nochmals, als Georg Huber zum Nachfolger ernannt wurde. Die Königin strahlte in nie dagewesenem Glanz.

Q

Im Lande hatte sich nichts geändert. Die Banken-Krise, beziehungsweise Blase, war mit Steuergeldern von der Regierung mit einer Haushaltsblase überdeckt worden. Zigtausende Banker gingen nach wie vor tagtäglich ins Büro, drehten Papiere von links nach rechts und wieder zurück bis zum Feierabend. Typische unproduktive Tätigkeiten die der Volkswirtschaft nichts einbrachten,

heißt nichts anderes bezweckten, als dem normalen Bürger das Geld aus der Tasche zu ziehen. Huber sagte einmal zu mir.
„Wozu braucht eine Ortschaft mit 10.000 Einwohnern 4 Banken mit 50 Angestellten? Bei automatisiertem Zahlungsverkehr müssten 10 Automaten und fünf Angestellte leicht reichen. Ich kann's dir erklären."
Mit der folgenden Ausführung hatte ich dann wirklich nicht gerechnet.
„Erinnerst du dich noch an unseren Vortrag mit der umgekehrten Pyramide?"
Ich nickte.
"Siehst du, hier haben wir das gleiche Prinzip. Die Bankangestellten sind die Puffer nach oben, oder nach meinem Prinzip nach unten. Je blöder die Finanzpolitik der Regierung, der Bundesbank, der EZB oder der Banken selbst ist. Will sagen je mehr die Menschen durch eine dieser Institutionen geschröpft werden, umso mehr Bankangestellte brauchst du an der Basis, um die breite Menge in Schach zu halten. Kapiert?"
„Da ist was dran", sagte ich.
„Und ob! Du glaubst doch nicht, dass im Falle eines Falles 5 Banker in der Lage sind, jeder Oma und jedem Geschäftsmann in einer Gemeinde mit 10.000 Seelen dauernd beruhigend die Händchen halten zu können."
Schorsch hatte sich in Rage geredet und fuhr dementsprechend fort.
„Nach dem gleichen Prinzip funktioniert das bei Steuerberatern und Rechtsanwälten – alles unproduktive Jobs. Kosten viel Geld, deckeln aber alle politischen Sauereien oder Versäumnisse durch autorisiertes Handeln und Beraten. Bringen also Lieschen Müller zur Vernunft und halten sie im Zaum. Dafür nehmen sie ihr noch ihr Geld

weg. Von den vielen Staatsbeamten will ich gar nicht reden. Die zuerst genannten drei Gruppen sind der Ausfluss einer nicht organisierten Gesellschaft und fordern direkt zum legalen Betrug auf. Am besten funktioniert das, wenn alle drei Kräfte zusammenwirken. Das Zulassen und das Nichthandeln der Politiker dieser Strukturen verstößt eigentlich gegen deren geleisteten Amtseid, Schaden vom Volke abzuwenden. Sollten sie kurzfristig doch mal in Bedrängnis geraten, sind sie sofort wieder aus dem Schneider. Sie lassen sich genau durch diese drei Gruppen stützen und schützen. Es werden entsprechende Gutachten erstellt, hinter welchen man sich jederzeit verstecken kann. Sollte es mal ganz eng werden, gibt es ja noch die Exekutive. Die stellt sich dann mit aller Macht vor ihre Auftraggeber. Eine perfekte Organisation."

„Sag mal Schorsch ich habe immer gedacht, das mit dem Linksgerede wäre nur eine Mache von dir. Aber jetzt? Willst du die Partei wechseln, oder was hast du vor?"

„Alter Weggefährte", dabei nahm er mich in den Arm, „du weißt, dass ich nichts anbrennen lasse und auch mal hinlangen kann. Aber dieser Scheiß den du erkennen kannst, wenn du erstmal die Möglichkeit hattest hinter diese versaute politische Kulisse zu schauen, ist so riesengroß, dass es einem nur noch stinken kann!"

„Und nun", hakte ich noch mal vorsichtig nach.

„Gut ich erkläre es dir einfach. Mit unserer Hendlgrillerei haben wir so einiges gedreht. Du weißt was ich meine! Aber das ändert nichts daran, dass ich immer den Anspruch hatte Qualitätshendl zu verkaufen. Du kannst dich nicht in einen Verkaufswagen stellen und den Leuten den ganzen Tag einen Schmarrn erzählen wie – wartens noch a Bisserl, des wird scho – und hinter dir am Grill dreht sich kein einziges Hendl. Das kannst du vielleicht mal eine Stunde mit ein paar ganz Blöden machen, aber viel länger hältst du das nicht durch. Wenn du jetzt aber Politiker bist, dann fragst du nach ein paar Stunden aus dem gleichen Wagen, in dem kein einziges Hendl gegrillt wurde heraus: Hat's ihnen geschmeckt? Empfehlen sie mich bitte weiter!"

Ich nickte verstehend.

„Ah, nun hat's geklingelt!"

„Du hast also die Schnauze voll und steigst aus. Verstehe ich. Finanzielle Sorgen hast du keine und sich jeden Tag mit Geschichten rumschlagen die dir stinken, war noch nie deine Art."

„Es gibt noch eine andere Möglichkeit!"

„Und die wäre?"

„Wenn es Zeit zum Aussteigen ist, muss man erst richtig einsteigen!"

Nach diesem Satz nahm er mich zum zweiten Mal an diesem Tag in den Arm und lächelte dabei.

„Lass dich überraschen. Du weißt doch, entweder ich mache etwas richtig oder g'scheit!"

Georg fing laut zu lachen an, griff in seine rechte Jackentasche, worauf es kurz darauf in seiner linken klingelte.

„Du siehst, funktioniert noch immer. Ich muss dringend weg!"

Und fort war er.

Q

Keine zwei Monate später las ich in der Bildzeitung, dass der Finanzminister und der Wirtschaftsminister gemeinsam die Bundeskanzlerin wegen ihrer Atompolitik massiv kritisieren würden. Ein paar Tage später eskalierte der

Disput. In der Tagesschau wurde gemeldet, dass der Finanzminister die Kanzlerin als Taschenspielerin bezeichnet hätte. Im Hendl-TV konnte man hören und sehen, dass aufgrund der Verlängerung der Laufzeit der Atomkraftwerke, der Entsorgungsprobleme und der erwarteten Kosten für Sicherheitsmängel, der Strompreis deutlich steigen würde. Zu dieser Sendung wurde eine Grafik ausgestrahlt die verdeutlichte, dass sich vor diesem Hintergrund der Preis für ein Huber-Markengrillhendel in den nächsten zehn Jahren verdoppeln würde. Schließlich orakelte eine große Illustrierte, dass es zwischen einem ehemaligen DPD-Spitzenpolitiker der nach seiner politischen Karriere zu einem Stromversorger wechselte und der Kanzlerin ein Geheimtreffen gegeben haben sollte. Es wäre wohl über ein berufliches Angebot nach ihrer politischen Laufbahn gesprochen worden.

Niemand konnte genau einordnen, warum sich dann in dieser Phase auch noch der bayerische Erzbischof zu Wort meldete. Er zeigte sich bestürzt über den Verfall der politischen Sitten. Er schnitt Themen an wie, Krieg in Afghanistan. Was haben wir da eigentlich verloren? Parteiengeschenke an die Hoteliers, dafür hohe Parteienspenden dieser Branche. Lasst endlich Sarrazin in Ruhe, wir sind schon genug islamisiert. Oder auch, wir haben uns schon genug bei uns zu Hause integriert. Weg mit den Atomkraftwerken. Und schließlich auch noch. Es kann nicht angehen, dass sich in dreißig Jahren, nur noch Politiker Hendl leisten können!

Die Stimmen auf der Straße wurden immer lauter. Die Hendl-Zeitung stellte schließlich die Frage, wie es in

Deutschland aussähe, wenn es mehr Volksentscheide gäbe. Aufhänger war der zum Rauchverbot in Bayern.

VE Raucherschutz in Bayern, Ergebnis bekannt.

Wie wären Volksentscheide ausgefallen, wenn man die Deutschen zu folgenden Themen gefragt hätte:

Einführung des Euro?

Deutsche Soldaten in Afghanistan?

Beteiligung am Irak-Krieg?

Befreiung der Hoteliers von der Mehrwertsteuer?

Hartz 4?

Rettung der Banken?

Rettung Griechenlands?

Erhöhung des Renteneintrittalters?

Managergehälter?

Alle anderen Zeitungen und auch das Fernsehen übernahmen diese Fragestellung. Es dauerte nicht lange und eine Illustrierte schrieb. „Nachdem die Regierungsparteien eine Krise nach der anderen durchleben, stellt sich die Frage, ob die Kanzlerin ihren Laden noch unter Kontrolle hat." Daran schloss dann auch gleich die nächste Frage an, ob die Königin des Aussitzens bei einem Volksentscheid über sie – wenn dies möglich wäre – noch im Amt bleiben könnte.

Die Hendlroyal-Zeitung nahm dies dankbar auf und druckte sogleich in ihrer nächsten Ausgabe einen Stimmzettel mit genau dieser Frage ab. Natürlich wurde in der gleichen Ausgabe auf die vielen Schwierigkeiten und Versäumnisse hingewiesen und nochmals auf den zu erwartenden steigenden Hendlpreis.

Die ganze Umfrage war selbstredend mit einem Gewinnspiel und Hendlgutscheinen für die Teilnehmer verbunden. In der gleichen Publikation gab es eine zweite Umfrage. „Könnten sie sich Georg Huber, unseren Hendl-Royal-Chef in einer anderen Position als der des Wirtschaftsministers vorstellen?" Die Zeitung erschien an einem Montagvormittag. Bereits gegen 12.00 Uhr suchte Huber persönlich mit einem druckfrischen Exemplar die Kanzlerin auf und drückte seine Bestürzung über dessen Inhalt aus.

„Ein typischer Selbstläufer, dieser Unfug! Mir hat niemand davon etwas gesagt. Den Redakteur werde ich mir persönlich zur Brust nehmen und gegebenenfalls feuern."

Ob ihm seine Chefin nun glaubte oder nicht, spielte keine Rolle mehr. In ganz Deutschland waren die Umfragen gestartet.

Das Ergebnis wurde drei Tage später bekanntgegeben. Es fiel so aus, wie es sich zumindest der Initiator vorgestellt hatte.

Danach fand Frau Melker nur noch 23% Zustimmung.

Dagegen befanden 95% der Abstimmenden, dass Huber jede andere politische Aufgabe übernehmen könnte.

Dieses Abstimmungsergebnis wurde von den Hendl-aktivisten in ganz Deutschland frenetisch gefeiert. Vor den über 1000 Grillwägen fanden große Versammlungen statt. Georgs Restaurants, inzwischen 250 in der ganzen Bundesrepublik wurden zu Anlaufstellen für Politiker, Journalisten und hauptsächlich eifernden Hendlfans.

Von den Hendlwägen wie von den Restaurants wurde täglich im TV berichtet. Fast stündlich entstanden neue Gerüchte über die Regierung und hauptsächlich deren Chefin.

Die Kanzlerin wurde immer mehr mit der Atomlobby in Verbindung gebracht. Eines Tages kursierte dann in Journalistenkreisen ein Papier, in welchem Angaben über Zuwendungen in Millionenhöhe an die DDU gemacht wurden. Von Stund an wurde der Deutsche Bundestag und das Bundeskanzleramt von Grünen und Linken Akti-visten Tag und Nacht belagert. Die ausländischen Medi-en waren inzwischen auch vor Ort. Der Ruf nach der Misstrauensfrage wurde immer lauter. Die bis dahin gu-ten Umfragewerte der DDU/DSU fingen an zu sinken.

In dieser Phase war es Georg der die Initiative ergriff und auf die Kanzlerin zuging. Diese empfing ihn nicht so freundlich wie er es sonst gewöhnt war.

„Ihnen habe ich doch einen Großteil dieses Schlamassels zu verdanken, Herr Huber."

„Ich verstehe sie nicht, wie meinen sie das?"

„Ihre blöde Hendlzeitung und ihr TV sind sicher mitver-antwortlich für das Alles."

„Wir sind bisher mit unserer sogenannten Basisdemo-kratie immer gut gefahren und haben hervorragende Er-gebnisse erzielt. Dass uns gerade jetzt die Sache aus dem

Ruder gelaufen ist, tut mir leid und war so nicht voraus-
zusehen. Als Sofortmaßnahme habe ich die leitenden
Redakteure des TV-Senders und der Zeitung entlassen. In
beiden Medien wird nun verbreitet, dass sie mit der Art
der Fragestellung bei den Umfragen, dieses Ergebnis
bewusst provoziert hätten. Warum, wird derzeit noch
untersucht. Mehr konnte ich wirklich nicht tun."
„Schön und gut gemeint. Das ändert aber nichts daran,
dass ich politisch fertig bin. Sehen sie das anders?"
„Ganz offen. Ist was dran an dem Angebot eines Strom-
versorgers?"
Melker schaute ihn lange und nachdenklich an, dann
nickte sie.
„Leider, oder glücklicherweise ja."
„Na also. Alles hat seine Zeit. Ein gut dotierter Wechsel
im richtigen Moment hat noch niemandem geschadet."
„Sie meinen, obwohl diese Gerüchte im Raum stehen,
hinschmeißen und wechseln."
„Da wären sie nicht die Erste!"
Melker hatte sich aus ihrem Sessel erhoben und ging
nachdenklich in ihrem Büro auf und ab. Huber unter-
brach ihren Schritt indem er seinerseits aufstand und di-
rekt vor ihr stehengeblieben war.
„Vielleicht gibt es noch eine andere Lösung."
„Dann raus damit lieber Herr Huber!"
„Wie sie wissen ist mein Unternehmen seit geraumer Zeit
eine Aktiengesellschaft. Das Geschäftsvolumen ist ihnen
ja in etwa bekannt. Die Geschäfte gehen hervorragend.
Mit ein Grund weshalb ich dabei bin in das europäische
Ausland zu expandieren. Testläden in Österreich,
Schweiz und Frankreich brachten die erwarteten guten
Ergebnisse. Meine Organisation braucht nun an der Spit-
ze eine Persönlichkeit mit besten internationalen Kontak-

ten. Ich hoffe ich trete ihnen nicht zu nahe, wenn ich ihnen sage, dass sie die ideale Vorstandsvorsitzende wären. Mit der Dotation wären sie sicher zufrieden."

Melker lächelte versonnen vor sich hin.

„Ich, die Hendlkönigin? Das kann ich mir wirklich nicht vorstellen."

„Denken sie darüber nach. Sie würden drei Fliegen mit einer Klappe schlagen!"

„Gleich drei?"

„Ja! Erstens hätten sie die lästige Politik vom Hals. Zweitens würden sie allen die sie mit der Atombranche in Verbindung gebracht hatten Lügen strafen. Drittens würde sie der Einstieg in meine Branche nicht belasten und ihnen sogar nach einer gewissen Zeit die Rückkehr in die Politik ermöglichen. Rundum eine saubere Sache."

Die Kanzlerin hatte sich wieder hinter ihren Schreibtisch gesetzt.

„Hätte ich ihr Wort?"

„Auf mich haben sie sich immer verlassen können."

Huber trat zu ihr an den Schreibtisch und reichte der Kanzlerin wie zur Besiegelung eines Vertrages die Hand. Danach verließ er mit einem Gruß den Raum.

Q

Einen Monat später wurde im Bundestag die Vertrauensfrage gestellt. Frau Melker wurde abgewählt. Neuer Bundeskanzler wurde Georg Huber. Er wurde mit überwältigender Mehrheit gewählt und fand in der Bevölkerung großen Zuspruch. Der Tenor war: Endlich ein Mann des Volkes an der Spitze!

Q

Der Kanzler

Nach einer Schamfrist von sechs Wochen wurde Angela Vorstandsvorsitzende der Hendl-Royal-Europa AG. Man zerriss sich eine gewisse Zeit auf den Straßen das Maul darüber, doch Hubers schützende Hand glättete bald die Wogen. Als Melker sich dann im Hendl-TV gegen von Atomstrom gegrillte Hähnchen aussprach und deren Preisstabilität für die nächsten Jahre zusagte, waren die alten Geschichten bald vergessen. Nachdem sie dann auch noch im Kölner Karneval als großes Huhn verkleidet, vom Hendl-Royal-Prunkwagen in Plastik eingeschweißte halbe gegrillte Hähnchen ins Volk warf, hatte sie wieder fast zu alter Popularität zurückgefunden.

Q

Ich beobachtete dies alles amüsiert, aber misstrauisch aus der Distanz. Das lief mir viel zu glatt. Nicht typisch für meinen Beetle-Freund. Irgendetwas war doch wieder im Busch.

Eines Abends war es dann so weit. Die Katze wurde aus dem Sack gelassen. Georg besuchte mich unangemeldet in meiner Wohnung. Sozusagen inkognito und ohne Leibwächter.

Ich freute mich doch tatsächlich ihn nach längerer Zeit endlich wieder zu sehen. Sicherlich war auch eine Portion Neugier dabei. Wer bekommt schon so einfach Besuch vom Bundeskanzler?

„Hast du gesehen, wie ich beim Karneval meine Ex-Chefin ausstaffiert habe? Du wirst es nicht glauben, es hat ihr riesig Spaß gemacht. Genau ihre Rolle! Den ganzen Tag nur gackern und sonst nichts Vernünftiges von sich geben. In der Firma nennen sie schon alle die Glucke die keine Eier legt. Ich musste doch tatsächlich meine Geschäftsführer anweisen, dass das Verhalten der Mitarbeiter in dieser Beziehung nicht eskaliert. Aber Gott sei Dank bekommt sie, wie bei Allem, nichts mit", legte Georg los.

„Schorsch, wie schaut nun Dein nächster Coup aus?"
„Ich hoffe, dass ich mich bei dir frei äußern kann. Aber du hast mich ja noch nie enttäuscht. Diesen Sargnagel der Nation habe ich schon mal aus dem Amt entfernt. Jetzt hole ich zum nächsten Schlag aus.
Meine wesentlichen Punkte:

Alle Steuern werden abgeschafft. Es gibt nur noch eine Mehrwert- oder Verbrauchssteuer. Für sozial Schwache gibt es einen Ausgleich.
Alle Banken werden verstaatlicht. Es gibt nur noch eine Einheitsbank.
Alle Krankenkassen werden verstaatlicht und zu einer zusammengefasst.
Mit den Versicherungen mache ich das gleiche.
Kannst du dir vorstellen, welche Unsummen da zum Wohle des Volkes gespart werden? Das Volk wird im Wohlstand leben.
Ein kleines Problem ist allerdings zu lösen. Was mache ich mit dem Heer von nichtsnutzigen Bankern, Steuerberatern oder Krankenkassen- und Versicherungsmenschen? Früher haben die wenigstens noch rechnen können. Heute Fehlanzeige. Die tippen doch nur noch irgendeinen Schmarrn in den Computer und was dabei raus kommt, das war's dann auch. Kein Hinterfragen

mehr auf Plausibilität. Umschulen wird mit denen nicht leicht werden. Denn viel mehr als eine Krawatte binden haben sie nicht drauf. Aber das werde ich auch noch lösen. Wenn ich mit diesen Themen durch bin hole ich zum nächsten Schlag aus.

Die Parlamente werden verkleinert beziehungsweise zusammengefasst. Kannst du dir das dann anstehende Gejammer vorstellen? Diese ganzen Dummschwätzer die bis dahin nur in Staubsaugervertretermanier durch die Lande gezogen sind und immer nur den Mist von sich gegeben haben, der für sie selbst gut war oder ihnen zumindest nicht geschadet hat. Dies gilt besonders für ihre Wirkung dem Ausland gegenüber. Sich einen Namen machen und die eigene Position absichern, ihre einzigen Ziele. Was fängst du mit solchen Typen an? Ihre zumeist erworbene, überhöhte Pensionsberechtigung wird ihnen nicht genügen. Jeden im Vorstand eines Unternehmens unterbringen wird bei der Vielzahl der arbeitslosen Politiker nicht möglich sein. Also wird sich eine große Front von Brandstiftern aufbauen, die weiterhin das tun, was sie bisher am besten konnten. Dumm schwätzen! Alles nicht ungefährlich aber sicherlich aufgrund der großen Zustimmung aus dem Volk machbar.

Für das dicke Ende habe ich mir die Juristen aufgehoben. Die brauche ich aber bis zuletzt, sonst habe ich mit meinen zuvor genannten Vorhaben keine Chance. Für diese Geschichte habe ich mir schon eine Strategie zurechtgelegt. Die besten Juristen des Landes werden in Regierungsposten berufen. Ihre erste Aufgabe wird es sein, die Unmenge an Klagen die ihre ehemaligen und nun arbeitslosen Berufskollegen anstreben werden, abzuwehren. Sie

haben dabei die Trümpfe in der Hand. Sie können ab diesem Zeitpunkt nicht nur Recht sprechen, sondern mit Hilfe des Gesetzgebers auch Recht machen. Sprich Gesetze nach Bedarf ändern. Wie hört sich das alles an?"
„Gigantisch, wie halt immer bei dir. Aber ich glaube das ist kaum zu schultern. Meinst du wirklich, dass du das alles durchziehen kannst? Wenn ja, dann sei bloß vorsichtig!"
Georg nickte.
„Lass mich mal gemäß meinem Wahlspruch machen. Entweder g'scheit oder richtig! Hast du den vielleicht schon vergessen?"
„So was vergisst man nie!", sagte ich prompt.
„Aber jetzt muss ich weiter, du weißt schon."

Q

Eine Zeit lang passierte dann so gut wie nichts. Die typische Ruhe vor dem Sturm.

Als Vorbote einer Veränderung trat diesmal die Kirche auf, in Person ihres bayrischen Erzbischofs. Ich dachte mir meinen Teil dabei. Eine beeindruckende Rede von ihm machte die Runde und wurde schon am gleichen Tag stündlich nicht nur im Hendl-TV ausgestrahlt.
Der Kirchenmann hatte die Banker mit Schacherern und Wucherern der Frühzeit verglichen, die man schon mal aus ihren Palästen vertrieben hatte. Die derzeitige Zinspolitik der Banken, den kleinen Leuten über hohe Dispokreditzinsen den letzten Cent aus der Tasche zu ziehen, indem man ihnen 19% Zinsen abnahm und gleichzeitig sich bei der EZB für 1% refinanzierte, wäre glatter Wucher. Dass man der sparsamen Rentnerin 0,3 Prozent

Zinsen für ihr Sparguthaben gab nannte er schlichtweg
Betrug. In gleichem Maße mitverantwortlich wären allerdings die Politiker, die ihrem Amtseid nicht gerecht würden, indem sie nicht Schaden vom Volk fernhielten.
Doppelt schlimm wäre, so hatte er nachgehakt, dass diese
Politiker auch noch in den Vorständen und Aufsichtsrä-
ten der Banken säßen.
Jedenfalls bestünde dringend Handlungsbedarf. Es folgten noch einige Beispiele aus dem praktischen Leben.
Danach die schlichte Feststellung, dass die Kirche diesem Treiben nicht länger zusehen würde.

Am gleichen Tag sprangen die Gewerkschaften auf diesen nun schon mächtig unter Dampf stehenden Zug auf.
Die Grünen, Linken und die DPD folgten mit der Feststellung, dass sie das schon immer so gesehen hätten,
aber der politische Gegner bisher jedes vernünftige Handeln verhinderte.

Q

Eine mächtige Lawine war losgetreten. Schorsch trat öffentlich schützend vor die Banken, versprach aber
gleichzeitig mit diesen zu verhandeln. Ergebnis, die sich
bereits in Staatsschuld befindlichen Banken gaben als
erste klein bei. Sie beugten sich ausnahmslos dem Zins-
diktat der Regierung. Den anderen Banken blieb aus reinem Selbsterhaltungstrieb nichts anderes übrig. Es entstand im Bankensektor eine gewaltige Eigendynamik.
Aus Kostengründen wurde an allen Ecken und Enden
rationalisiert und vor allem Fusioniert. Die großen,
hauptsächlich papierwendenden Personalkörper waren
nicht mehr tragbar.

So entstand binnen eines Jahres das was Huber sich gewünscht hatte. Es gab noch zwei große Banken mit nur noch einem Drittel des vorherigen Personals.

Der kleine Mann auf der Straße wie der Mittelstand waren plötzlich mit mehr disponiblem Geld ausgestattet, ihre Kaufkraft wuchs. Die Wachstumsprognosen der sogenannten Wirtschaftsweisen stiegen daraufhin von Monat zu Monat. Die Wirtschaft erlebte aufgrund der Binnenmarktstärke eine lange nicht mehr dagewesene Blüte.

Die bis dahin bestehende internationale Kritik wurde leiser und leiser.

Als erstes Land folgte Frankreich dem deutschen Vorbild. Dann Spanien, Österreich und Italien. Am längsten hielt sich England heraus. Nicht zuletzt deshalb, weil die genannten Staaten inzwischen eine Börsentransaktionssteuer eingeführt hatten. Die Briten wollten sich das Geschäft mit schnellem, schmutzigem Geld als führender Finanzplatz in Europa nicht kaputtmachen lassen.

Nachdem nun Spekulationsgewinne und Kapitalerträge eingedämmt waren, folgte logischerweise der nächste Schritt. Das Steuersystem konnte und musste vereinfacht werden. Für den schlecht Situierten und alle sozial Bedürftigen gab es aufgrund der hohen Steuereinnahmen eine großzügige, das heißt deutlich bessere Grundsicherung als bisher. Die meisten Steuerarten wurden abgeschafft. Es gab, bis auf wenige Ausnahmen, nur noch eine Verbrauchssteuer. Egal woher jemand sein Geld bezog, ob legal oder illegal, jedes Mal wenn er zum Einkaufen ging wurde ihm diese Steuer abgeknöpft.

Eine Steuererklärung brauchte im deutschen Binnen-
markt niemand mehr abgeben.

Finanzämter wurden nur noch benötigt zur Abwicklung
länderüberschreitender Transaktionen. Deshalb sank deren Beschäftigtenzahl um 80 Prozent. Ähnlich verhielt es
sich mit Steuerberatern. Eine Konsequenz, die sich der
Kanzler so gewünscht und die er auch vorausgesehen
hatte.

Die Zahl der arbeitslosen Bankangestellten, wie Mitarbeitern aus der Steuerbranche stieg innerhalb eines Jahres
auf über 500.000 an. Diese Zahl fiel aber bei der Bundes-
anstalt für Arbeit nicht besonders ins Gewicht. Wurden
doch gleichzeitig aufgrund der starken Inlandsnachfrage
über 400.000 Arbeitsplätze neu geschaffen. Der Rest
ging in Vorruhestand oder wurde abgefunden. Unter dem
Strich bedeutete dies noch weniger Arbeitslose als vorher.

So ermutigt und von der Stimmung im Lande getragen
holte Schorsch zum nächsten großen Schlag aus. Alle
Krankenkassen wurden zu einer zusammengefasst. Der
Kanzler hatte sich an diesem Punkt nach seinen bisherigen Erfolgen schnell durchgesetzt. Außerdem konnte ihm
niemand vorrechnen, wie es zu mehr Wettbewerb unter
den Kassen kommen sollte, wenn jede pro Kopf den gleichen Betrag erhielt. War es da relevant, 5000 „Kunden"
mehr oder weniger zu haben.
Die Abschaffung des organisatorischen Wasserkopfes
führte jedenfalls dazu, dass der Krankenkassenbeitrag
unter zehn Prozent sank, während sich die ärztlichen
Leistungen deutlich verbesserten.

Die Pharmaindustrie stand nun einem einzigen starken Verhandler gegenüber und musste dementsprechende Zugeständnisse machen. Ein weiterer, nicht unwesentlicher, die Kosten stabilisierender Effekt.

Diese neue Kostenentlastung aller Erwerbstätigen, Rentner und Unternehmer brachte der Wirtschaft einen weiteren positiven Schub. Die Arbeitsmarktsituation entwickelte sich ähnlich wie bei den zwei vorausgegangenen Maßnahmen.

Q

Deutschland erblühte förmlich. Wieder waren es die Franzosen, die sich mehr oder weniger an diese Maßnahmen dranhängten. Das restliche europäische Ausland zog zögerlich aber doch nach. Die Bundesrepublik hatte zweifellos die Führung Europas übernommen. Man nannte diese Entwicklung allgemein Huberismus, aber auch sich der Vita Georgs erinnernd, häufig Hendlismus. Egal! Huber war ein Synonym für Erfolg geworden. Was er anfasste war richtig und funktionierte.

Den haarigsten Teil seiner Reformen hatte sich Schorsch, wohl wissend, fast bis zum Schluss aufgehoben. Das Reduzieren der Juristen auf ein Minimum.

Er setzte eine Kommission ein die zum Ziel hatte für mehr Rechtsklarheit zu sorgen. Nach dem Motto Rechtsklarheit ist gleich Rechtssicherheit sollten Streitsachen auf eine Zahl nahe Null gedrückt werden. Den Kommissionsmitgliedern gelang dies in 75% der untersuchten Rechtsfälle. Die entsprechenden Gesetze waren schnell verabschiedet. 75% der Juristen durften sich nach dem bekannten Muster verändern.

Auch bei dieser Reform trat ein Effekt ein wie bei den vorangegangenen. Die Menschen im Lande und der Staat selbst behielten einfach viel Geld in der eigenen Tasche, welches vorher unproduktiv in den Taschen irgendwelcher Scharlatane, die sich nicht um Recht, sondern um ihr Vermögen gekümmert hatten, verschwunden war.

Q

Nachdem Huber vier ganz heiße Eisen angefasst hatte und erfolgreich gewesen war, traute er sich an das fünfte. Dies wurde sowieso schon die ganze Zeit vom Volk und nicht zuletzt vom Hendl-TV gefordert, welches ihm dauernd zurief, er würde überall reformieren, nur nicht im eigenen Hause.

Bei seinem letzten Besuch hatte er mir stolz von der Umsetzung seiner Reformen berichtet. Ich gratulierte ihm herzlich dazu. Wie ein Mensch sich wandeln konnte, wenn er nur von einer Idee besessen war, dachte ich mir.

„Bisher habe ich mich immer schützend vor meine Beamten gestellt. Du weißt, man kann selten gewinnen wenn man einen Krieg an zwei Fronten führt. Die haben ja auch alles mit durchgezogen. Du verstehst, halt deutsch, obrigkeitshörig.
Aber nun geht es ihnen an den Popo. Wer dauernd Wasser predigt, darf nicht nur Wein trinken. Zuerst lasse ich eine Kommission, bestehend aus Mitgliedern aller Parteien, das Pensionssystem untersuchen und dann deutlich

Verschlanken. Das heißt, den Gegebenheiten der freien Marktwirtschaft anpassen. Parallel dazu werde ich einen namhaften Unternehmensberater beauftragen die Effektivität der Parlamente und der Abgeordneten zu untersuchen. Brauchbare Ergebnisse erwarte ich innerhalb eines halben Jahres. Ein paar Untersuchungsergebnisse, schon vor einem zu erstellenden Abschlußbericht mit den richtigen Inhalten in der Öffentlichkeit platziert, wird ganz schnell zur Umsetzung von Verschlankungsmaßnahmen führen. Will sagen, weniger Parlamente, weniger Abgeordnete, weniger Bürgermeister und so weiter."

„Schon bei einem deiner früheren Besuche habe ich dir gesagt, sei bloß vorsichtig. Du warst bis jetzt äußerst erfolgreich wie niemand vor dir. Willst du das wegen diesem maroden Beamtenapparat aufs Spiel setzen?"

„Siehst du, das bedingt sich gegenseitig. Wer A sagt, muss auch B sagen. Das erwarten die Bürger mit Recht. Und ich sage B, getreu meinem Motto…", er winkte ab und lachte dabei.

Ich schloss mich seiner Heiterkeit mit einem freundlichen Nicken an. Trotzdem wirkte Schorsch anders als früher auf mich. War da eine Spur von Müdigkeit oder gar Resignation?

„Wie macht sich eigentlich deine Hendlkönigin", erlaubte ich mir zu fragen.

„Der geht es so gut wie nie im Leben zuvor. Nachdem die breite Masse nun deutlich mehr Geld in der Tasche hat, verdienen wir auch entsprechend mehr Geld. Dabei fällt mir ein, werde dir eine Gehaltserhöhung geben. Wirst zufrieden sein. Du warst immer ein treuer und zuverlässiger Weggefährte. Also, die Königin hat inzwischen über Europa hinaus expandiert. Ob das gut geht?", schweifte er kurz ab. „ist mir aber inzwischen egal. Ich habe, wie du dir denken kannst, längst ausgesorgt. Nachdem es nun auch deutlich weniger Juristen gibt, werden sie mich sicherlich nicht so einfach irgendwann an den Haken kriegen. Aber zu deiner Frage. Sie macht inzwischen sogar in den USA denen aus Kentucky Konkurrenz. Wenn man sie auf ihre frühere berufliche Laufbahn anspricht sagt sie meistens, dass sie nichts anders macht als vorher, nur hätte sie das Gefühl nun ihre wahre Berufung gefunden zu haben. Ach ja, einen Gefallen musste ich ihr neulich noch tun. Sie wollte unbedingt Polalla als ihren Stellvertreter in der Firma installieren. Ohne ihn käme sie nicht so richtig zurecht. Außerdem wäre er ein ausgesprochener Hendl-Fachmann."

Q

Der Niedergang

In Deutschland lief dank der Reformen alles wie geschmiert. Wo man hinschaute blühte das Land auf. Die meisten Länder Europas waren inzwischen dem deutschen Vorbild gefolgt. Dies stärkte nicht nur die Binnenmärkte sondern auch die Eurozone als solche. Der Euro erlebte einen Höhenflug. Die Arbeitslosigkeit im Euroraum war so gering wie seit 20 Jahren nicht mehr.

Dies verbesserte natürlich auch deutlich die politischen Verhandlungsmöglichkeiten Europas gegenüber den USA, Russland, China und dem Rest der Welt.

Besonders in Amerika bekamen die Politiker Schwierigkeiten. Jedermann zeigte auf old Europe, wie es dort liefe. Selbst außenpolitische Anstrengungen, mit Truppenaufmärschen in unterschiedlichsten Staaten des Nahen Ostens, konnte die innenpolitische Schwäche, besonders auf den sozialen Feldern, nicht kaschieren.

Die Einflussmöglichkeiten auf Europa sanken zunehmend.

Konservative Hardliner bildeten Arbeitskreise um diesen Trend zu stoppen. Unterstützt wurden sie dabei massiv vom CIA.

Nachdem ein Monat vergangen war hatte man die Ursache allen Übels herausgefunden. Es war keine Philosophie, keine volkswirtschaftliche Eigendynamik oder gesellschaftliche Veränderung, die dafür verantwortlich zeichnete, sondern nur ein Name. Georg Huber.

Im Umkehrschluss wurde schnell klar, wenn Huber nicht wäre, dann….!

Logischerweise führte dies unter dem Decknamen „Chicken" zu weiteren Überlegungen in den bewussten Kreisen.

Q

Eines Tages merkte ich, dass ich ein und denselben Mann am gleichen Tag mehrmals gesehen hatte. So ein Zufall dachte ich mir. Als mir die gleiche Person am folgenden Tag wiederum ein paar Mal über den Weg lief wunderte ich mich doch. Die „zufälligen" Begegnungen fanden nicht immer in derselben Gegend statt, wie zum Beispiel in der Nähe meines Hauses, sondern an unterschiedlichsten Plätzen. Ich war stark verunsichert. Wenn ich meinen unbekannten Bekannten das nächste Mal sehen würde, spräche ich ihn einfach an. Mit diesem Entschluss schloss ich dieses Kapitel fürs Erste in meinem Kopf ab. Leider, oder Gott sei Dank, tauchte der Typ nie wieder auf.

Zirka eine Woche später fühlte ich mich erneut beobachtet. Ich fragte mich schon ob es nicht besser wäre mal mit meinem Hausarzt darüber zu sprechen. Bisher war ich eigentlich immer recht selbstsicher durch das Leben gegangen. Wo war mein Gleichmut geblieben?
Die Idee mit dem Doktor legte ich noch am gleichen Abend zu den Akten, denn mir wurde klar, dass ich nicht an einer Paranoia litt. Beim Abendessen in einem sehr guten Restaurant in München, fragte mich ein elegant gekleideter Herr, ob er sich mit an meinen Tisch setzen dürfe. Ich hatte nichts dagegen.

Während ich meine Leberknödelsuppe löffelte, schob mir mein Gegenüber ein Foto über den Tisch, das er seiner Brieftasche entnommen hatte. Es zeigte Georg Huber.
„Entschuldigen sie", hörte ich meinen Tischgenossen fragen, „kennen Sie diesen Mann?"
Obwohl mir die Situation unheimlich war, ich gebe zu im Nachhinein fröstelte mich richtig, gab ich lachend zur Antwort.
„Wer kennt den nicht, das ist der Bundeskanzler."
Das Bild verschwand mit einem verstehenden Nicken wieder in der Brusttasche des Mannes. Er trank noch einen großen Schluck aus seinem Bierglas, etwas anderes hatte er nicht bestellt und verließ grußlos das Lokal.
Nachdenklich legte ich meinen Löffel im Suppenteller ab. Der Appetit war mir restlos vergangen. War das nun wieder einer der vielen Geisteskranken die durch die Gegend liefen, oder was hatte das gerade zu bedeuten? Ich bezahlte und verließ ebenfalls die Gaststätte.
Das waren doch alles keine Zufälle mehr. Irgendetwas braute sich zusammen. Ich überlegte was ich tun konnte. Auf jeden Fall musste ich mit Georg sprechen.

Q

Georg wirkte merkwürdig angestrengt als er mich eine Woche später in meiner Wohnung besuchte. Nicht mehr der relaxte Sonnyboy der er sonst immer war. Ohne Umschweife beantwortete er meine Frage, ob es denn sein könnte, dass ich observiert würde.
„Gut möglich. Habe in letzter Zeit gleiche Meldungen aus meinem näheren Umfeld bekommen. Ich warte nur noch darauf was als nächstes passiert. Meine damit, irgendjemand zündelt an der Peripherie und will zuerst

einmal verunsichern. Wenn dann die Zielperson, also wahrscheinlich ich, nicht mehr richtig schlafen kann und nervös genug ist, wird man versuchen dies für die eigenen Zwecke auszunutzen. Kapiert?"

„Schon, aber wer macht so was?"

„Das weißt du doch selbst aus dem Geschäftsleben. Der weniger Erfolgreiche schielt auf den Erfolgreichen und versucht dem an den Karren zu fahren. In diesem Fall ist die Bundesrepublik und Europa im Fokus der Neider. Dreimal darfst du raten wer das größte Interesse an einem nicht so starken Europa hat."

Er wartete meine Antwort nicht ab, sondern fuhr fort.

„Natürlich Amerika. Ein gleichberechtigter oder sogar stärkerer Block als die USA schwächt ihre Position in der ganzen Welt. Und das darf nicht sein!"

„Gehst du da nicht ein Stück zu weit?"

Huber schüttelte den Kopf.

„Im Gegenteil. Ich habe von unserem Geheimdienst erfahren, dass die da drüben eine Operation „Chicken" ins Leben gerufen haben. Rate doch mal was oder wer mit diesem Decknamen gemeint sein könnte?"

„Du meinst wirklich? Du willst mich doch nicht veräppeln?"

„Mit so was macht man keinen Spaß!"

„Wie wirst du dich, oder wie soll ich mich nun verhalten?"

„Dir empfehle ich gar nichts zu tun. Du weißt offiziell von nichts, stellst dich einfach dumm. Wenn du gar nicht mehr weiter weißt, oder keinen Ausweg mehr für die eigene Person siehst, musst du notfalls selbst mich denunzieren. Mein Hintern wäre wohl, wenn das eintritt was ich befürchte, nicht mehr zu retten. Auch nicht durch deine Ergebenheit bis zum bitteren Ende. Also sei schlau!"

„Hör auf!"

„Komm schon, du bist doch ein kluger Kopf. Wenn eine Macht wie Nordamerika sich etwas vornimmt, dann wird das auch durchgezogen. Da ist ein kleiner Huber nichts anderes als ein Krümel auf dem Küchentisch den man mit einer Handbewegung von diesem runterwischen kann."

„Was können sie dir schon anhaben", gab ich mich immer noch nicht zufrieden, „du hast doch politisch einwandfreie Leistungen abgeliefert. Hinter dir steht doch mindestens halb Europa!"

„Momentan noch. Aber wenn die dich umgebenden Aasgeier merken, dass es etwas zu holen gibt, dann ist es vorbei mit deren Loyalität, dann wirst du ratzfatz zerfleischt. Meine guten politischen Leistungen sind sicher nicht einfach zu kritisieren. Deshalb habe ich auch noch etwas Luft. Aber Menschen oder Mächte die dir an den Karren fahren wollen gehen tiefer. Die stöbern so lange in deiner Vita bis sie etwas gefunden haben. Schließlich findet man immer etwas, dann muss man es nur noch richtig lancieren. Glaubst du nicht, dass sich in meiner Vergangenheit einiges aufdecken lässt? Das mit dem Beetle wäre wohl noch die harmloseste Sache."

Als er das sagte, lächelte er an diesem Abend das erste Mal. Kurz darauf verließ er mich.

Q

Die nächsten Tage trieb mich das Gehörte um. Konnte man nicht irgendwie vorbeugend wirken? Schorsch war zu mir immer äußerst fair gewesen. Das hatte er auch noch bei unserem letzten Treffen bewiesen. Empfahl er mir dabei doch mich in Zukunft nur nach meinen Interessen zu richten, selbst wenn es ihm schaden könnte.

Dies war der Grund, weshalb ich in dieser Situation weniger an mich, sondern eher an Georg dachte.

Ich war versucht, Kontakte zu Personen aus unserer gemeinsamen, manchmal nicht ganz sauberen Vergangenheit, aufzunehmen. Schließlich gab ich den Gedanken auf, weil die Gefahr bestünde, dass ich schlafende Hunde weckte. Das durfte auf keinen Fall passieren. Also ließ ich den Dingen ihren Lauf. Als Betrachter von außen, so wie ich es bisher eigentlich immer getan hatte.

Q

Es dauerte auch nicht lange, da bestätigten sich Schorschs Vermutungen. Es fing damit an, dass in einem Boulevardblatt ein Artikel erschien, der in dieser Form zuerst nur zu ungläubiger Erheiterung der Leser führte. Die Meinung, dass wieder einmal ein politischer Neider eine Test-Ente aufs Wasser gesetzt hätte, herrschte vor. Der Verfasser des Artikels, der Georg unterstellte, dass dieser in seiner Zeit als Rohbaureinigungsunternehmer krumme Sachen machte, kam von allen Seiten unter Druck. Georgs Parteifreunde reichten sofort eine Klage auf Unterlassung der unhaltbaren Anschuldigungen ein.

Der Redakteur Moser, so sein Name, kam nun ganz aus der Deckung und legte nach. Er verwies auf eine eidesstattliche Erklärung eines ehemaligen Vorarbeiter Hubers, die ihm vorläge.

Noch immer interessierten die Vorwürfe eigentlich niemanden. Doch von irgendwoher bekam der Zeitungsschreiber Rückendeckung. Er ließ nicht locker.
Als dann in der Zeitung Lohnabrechnungen über zur Verfügung gestellter Arbeiter abgedruckt und ein Baupolier dazu erklärte wie diese damals abgerechnet wurden, schaltete sich auch das Fernsehen in die Debatte ein.
Mir war klar, Schorsch hatte verloren. Es war nur noch eine Frage der Zeit, wann die nun massiv recherchierenden Journalisten neue Erkenntnisse vorlegten.

Natürlich dauerte es nicht lange und es wurde auch an meine Tür geklopft. Ich stellte mich bei solchen Gelegenheiten immer erstaunt und nichts wissend. Dabei aber sehr offen und freundlich. Die Besucher zogen regelmäßig mit leeren Händen ab. Mein nach wie vor bescheidener Haushalt machte auf sie auch sicher nicht den Eindruck, dass hier ein Obergangster sein Domizil hatte. Wahrscheinlich wurde ich auch deshalb kaum in irgendwelchen Publikationen erwähnt. Man hielt mich anscheinend für unwichtig. Und das war gut so.

Nach monatelangem Hin und Her war es dann so weit. Ein Untersuchungsausschuss der Regierung wurde eingerichtet. Von der DDU hieß es, man habe vor, durch lückenlose Aufklärung den Bundeskanzler von jedem Verdacht frei zu waschen. Eher das Gegenteil war der Fall, wie mir Huber signalisierte. Die Beweislage war inzwischen so erdrückend, dass er seinen Kopf wohl nicht mehr aus der Schlinge ziehen konnte. Einige „Parteifreunde" und nicht nur die, besonders Länder aus dem nichteuropäischen Raum, konnten es anscheinend kaum noch erwarten, dass diese ganz und zwar fest zugezogen würde. Eine Karikatur der NY Times stellte dies auf der Titelseite auch sehr geschmackvoll und deutlich dar. Huber am Galgen.

Q

Das Ende

Nichtsdestotrotz bekam ich wieder eine Einladung zu seinem Sommerfest am Starnberger See. Das musste man ihm lassen, Georg hatte Stil und von seiner Coolness anscheinend noch nicht viel eingebüßt.

An einem wunderschönen Sommerabend Ende August, umarmte mich zum Empfang Georg am Eingang seiner Villa. So herzlich hatte er mich noch nie zuvor begrüßt. Ich freute mich darüber. Allerdings kam bei dieser Geste bei mir ein Gefühl der Sehnsucht nach früheren Zeiten auf. Was aufgrund der aktuellen Lage wohl verständlich war.

Auffallend auf den ersten Blick, die Reihen der Gäste hatten sich gegenüber früherer Feste deutlich gelichtet. Obwohl Georg aufgrund seiner Stellung erwarten konnte, dass alle Eingeladenen erschienen. Dafür machte ich einige Leute aus, die nicht so ganz herpassten. Personenschützer in dieser großen Zahl? Wenn ja, dann hatte man sich auf diesem Gebiet besonders angestrengt. Ferner war die Stimmung offensichtlich gedrückt. Einziger, fröhlicher Lichtblick war die Ex-Kanzlerin und jetzige Vorstandsvorsitzende seines Hendlimperiums. Mit immer ausgebreiteten Armen trippelte die „Königin" majestätisch durch die Reihen. Sie erkundigte sich auch gleich lautstark und unbefangen was es denn dieses Mal für ein Gastgeschenk gäbe. Das reizende goldene Hendl von damals stünde noch heute auf ihrem Schreibtisch.
Diesmal war es eine schöne goldene Mistgabel. Einige Geladene drehten das zierliche Gartengerät nachdenklich in ihren Händen. Frau Melker erklärte einigermaßen

schlagfertig, dass man Hühner ja auch Mistkratzer nannte – sicherlich daher. Man konnte ihr aber dabei ansehen, dass es auch noch eine andere Interpretationsmöglichkeit gegeben hätte. Das musste selbst ihr aufgefallen sein. Mit Gabeln dieser Art konnte man ja auch wunderbar im Dreck anderer Leute wühlen. Sicherlich waren in der jetzigen Situation beide Erklärungen passend. Die zweite allerdings eher als die erste.

Das Fest verlief dann auch schleppend und ohne besondere Höhepunkte, wenn man davon absieht, dass Polalla beim Versuch sich an der Tischdecke festzuhalten, als sein Stuhl aufgrund einer Unachtsamkeit nach hinten wegkippte, diese und alles was darauf stand mit sich riss.

Kaum erwähnenswert auch, dass zu fortgeschrittener Stunde zu Butterberg im Sandkasten des zum Hause gehörenden Kinderspielplatzes mit mitgebrachten Zinnfiguren, die unterschiedliches Kriegsgerät und Soldaten darstellten, geladenen internationalen Militärs eine Strategie demonstrierte, mit welcher die Bundeswehr im Alleingang die Taliban am Hindukusch eliminieren würde. Erste organisatorische Schritte, bemerkte er dabei nicht ohne Stolz, hätte er schon eingeleitet. Die Bundeswehr würde in ein Berufsheer umgewandelt, welches aus echten Profikämpfern bestünde und nicht mehr aus lauter Heimatschützern, die am liebsten jedes Wochenende bei ihren Familien verbrächten. Die Taliban sollten sich schon mal warm anziehen. Heftiger Applaus seiner Zuhörer schloss seine Vorführung ab.

Dass Bruder und sein Freund der Erzbischof schon zeitig zu tief ins Glas geschaut hatten, wunderte niemand und störte auch nicht besonders.

Auffallend war meines Erachtens noch wie Drehhofer sich in der Nähe Georgs verhielt. Er hatte ständig ein vielsagendes aber nichts wissendes Grinsen aufgesetzt, aus dem ich eine gewisse Süffisanz ablesen konnte, die für mich so etwas ausdrückte wie,

„So, jetzt haben wir dich endlich Bürschchen."

Aber vielleicht sah ich ja auch schon Gespenster.

Q

Es ging bereits auf 23 Uhr zu, da nahm mich plötzlich Georg am Arm. Er drückte mir eine Flasche Champagner und zwei Gläser in die Hände.

„Lass uns ein bisschen auf die Seite gehen, wo wir unsere Ruhe haben."

Ich folgte ihm. Wir durchquerten den Park und erreichten das Ufer des Starnberger Sees. Personenschützer sicherten die Seeseite des Grundstücks ab. Auf diese ging Georg mit den Worten zu,

„lasst uns jetzt mal alleine. Heißt, ziehen sie sich bitte für eine halbe Stunde zurück."

Dieser direkten, persönlichen Anordnung wurde umgehend Folge geleistet. Wir betraten einen Bootssteg an dessen Ende sich sein Bootshaus befand. Georg durchschritt vor mir dieses und öffnete ein großes Tor, das zum See hinaus führte. Wir setzten uns mit Blick Richtung See auf zwei Stühle. Schorsch schenkte den mitgebrachten Schampus ein.

„Auf dein Wohl, alter Weggefährte", prostete er mir zu.

„Schön ist es hier", erwiderte ich, auf den vom Mondlicht leicht erhellten See schauend.

Huber nickte, „das ist nun leider alles vorbei."

„Wie meinst du das?"

„Irgendwann muss jeder Abschied nehmen."
„Nun hör' aber auf mit dem Blödsinn!"
„Kein Blödsinn, ich meine es ernst."
Ich schaute ihn verdutzt an. Was hatte das zu bedeuten?
Schorsch legte einen Arm auf meine Schulter und sagte
in beruhigendem Ton.
„Lieber Horst pass nun genau auf. Was du jetzt mit-
bekommst darf keine Menschenseele erfahren. Ver-
sprichst du mir das?"
Ich nickte, während Schorsch fortfuhr.
„Ich bin von gewissen Kräften unheimlich unter Druck
gesetzt worden. Über meine Vergehen wie Urkunden-
fälschung, Steuerhinterziehung und vieles mehr, liegen
über hundert schriftliche Beweise vor. Einen Teil davon
habe ich persönlich eingesehen. Am Ende der Fahnen-
stange gab es nun drei Möglichkeiten. Die erste, ich lasse
alle Verfahren über mich ergehen und versuche sie aus-
zusitzen. Die zweite, ich lege freiwillig alle meine Ämter
nieder. Die dritte, ich verdünnisiere mich. Im ersten Falle
würde ich verurteilt. Der Bundesrepublik entstünde
dadurch großer Schaden. Das gesamte Ausland würde
sich über mich und Deutschland lustig machen. Meine
gesamten Reformen wären in Frage gestellt und wahrscheinlich schnell zurückgenommen. Die zweite wäre
vom Ergebnis her genauso. Der gesamte Prozess verkürz-
te sich lediglich. Deshalb bleibt nach meiner Auffassung
nur die dritte Variante."
„Und die wäre", fragte ich aufgeregt.
„Immer mit der Ruhe. Wie du weißt, hatte ich gemerkt,
dass gewisse Kräfte ein großes Interesse daran haben
mich los zu werden. Zu diesen bekam ich dann irgendwann Kontakt. Ich will gar keine Namen nennen. Nur
soviel, es sind die Kollegen jenseits des großen Teiches,

die mich bei meinem jetzigen Schritt unterstützen. Sie haben mir eine neue Identität verschafft und sorgen dafür, dass das gelingt, was ich nun vorhabe. Sie selbst haben den Vorteil, meine Nachfolge und andere politische Schritte frühzeitig beeinflussen zu können.

Nun zu dir. Bei der ganzen Geschichte ist das Erfreuliche, dass du dein Gehalt für alle Zeiten weiterbekommen wirst."

Schorsch schenkte die Champagnergläser wieder voll und fuhr nach einem Schluck aus seinem Glas fort.

„Ich habe meine Schäfchen, wie du dir vorstellen kannst, längst im Trockenen. Getreu meinem Wahlspruch – entweder man macht etwas g'scheit oder richtig, habe ich einige Nummernkonten mit erklecklichen Summen in der Schweiz. Ich verlasse einfach die große Bühne und ziehe mich ins Privatleben zurück."

„Wie soll das funktionieren?"

„Ein letztes Mal brauche ich dazu deine Unterstützung, oder besser gesagt Duldung."

Schorsch zog einen Briefumschlag, den er mir überreichte aus seiner Jackeninnentasche.

„In dem steht, dass ich aufgrund der großen Schuld die ich auf mich geladen habe, den Freitod suche. Ist natürlich ein Schmarrn. Da draußen wartet ein Boot auf mich, das mich in Sicherheit bringt. Trink noch ein Glas mit mir, dann muss ich dir leider die Schampusflasche über den Schädel hauen, damit es so aussieht, als wolltest du mich an diesem Schritt hindern."

„Aber?!"

„Nichts aber, werde schon nicht zu stark zuschlagen. Du wirst es ganz sicher überleben. Zwanzig Minuten nachdem ich ins Wasser gegangen bin, musst du um Hilfe schreien. Bis dahin verhältst du dich ruhig. Ist das klar?"

Ich nickte abwesend. Huber hatte angefangen sich bis auf die Unterhose auszuziehen. Seine Kleidung warf er achtlos auf den Bootssteg.

„Komm stoßen wir noch mal an."

Schorsch hielt mir sein Glas entgegen. Als ich meins vom Tisch nehmen wollte, spürte ich einen dumpfen Schlag auf meinem Schädel. Mir wurde schwummerig und ich ging in die Knie. Blut rann mir über das Gesicht. Wasser plätscherte, als Schorsch über eine Treppe in den See glitt. Durch einen Schleier von Schmerz und Blut sah ich ihn davonschwimmen. Wie aus weiter Ferne hörte ich ihn noch rufen,

„irgendwann habe ich sicher wieder eine neue Geschäftsidee. Halte dich bereit. Du weißt, ich brauche dich."

Er winkte mir noch einmal zu, dann war er in den dunklen Fluten verschwunden.

Ich legte mich auf den Rücken und blinzelte leicht benommen in das blasse Mondlicht über mir. Zwanzig Minuten sollte ich so ausharren. Schließlich wurde es mehr als eine halbe Stunde, bis ich mich endlich aufraffte um meine Show abzuziehen. Die Security-Leute jedenfalls, trauten ihren Augen nicht, als ich ihnen entgegenwankte. Sie gerieten augenblicklich in Panik.

Noch mal eine gute halbe Stunde später war die Nacht zum Tag gemacht. Hubschrauber mit Suchscheinwerfern erleuchteten das ganze Gelände und den See. Nach meiner Befragung durch die Sicherheitsleute und später durch die Kripo, der ich auch Hubers Brief übergab, wurde ich von einem Arzt auf eigene Verantwortung vom Ort des Geschehens entlassen.

Ich ließ mich von einem Taxi nach Hause fahren. Vor dem Gebäude warteten schon einige Reporter, die sich sofort auf mich stürzten. Ich deutete auf meinen verbundenen Kopf und erbat mir etwas mehr Rücksicht. Damit ließ ich sie kommentarlos stehen.

Als ich an diesem Abend meine Wohnungstür aufschloss, verließ gerade Erna Glück, Hand in Hand, mit einem zwei Meter großen Afrikaner ihre Wohnung. Wir grüßten uns kurz. Das passt ja, dachte ich mir, dann bin ich ja wieder da angelangt, wo ich vor dem Wiederauftauchen Georgs war. Ich betrat meine Bleibe. Eine gewisse Unruhe, ja Nervosität bemächtigte sich meiner. Neue Lebensgeister weckten meine Sinne. Ich fing sofort an alles Nötige zusammenzupacken was ich für einen längeren Aufenthalt im Süden brauchte. Dabei wurde mir klar, dass mich die Behörden mit Sicherheit noch einige Zeit in München festhalten würden. Auch gut, dann hatte ich wenigstens Zeit mich aus dem Hendlgeschäft ordentlich zurückzuziehen. Meine Koffer wären dann schon mal gepackt.

Q

Das Haus in dem ich wohnte war am nächsten Tag immer noch von ein paar Journalisten belagert. Aber ich ließ mich nicht vor der Tür blicken. Am Vormittag besuchte mich die Kriminalpolizei. Fünf Mann aller möglichen Behörden.

Ich erzählte ihnen mehrmals meine Version des Hergangs. Dass ich den Inhalt des Briefes, den mir Georg gegeben hatte nicht kannte, beruhigte sie in hohem Maße. Anscheinend standen etliche politische Sachen darin, die nicht an die Öffentlichkeit sollten. Dass ich versuchte Georg an seinem letzten Schritt zu hindern und dieser mich dabei mit der Champagnerflasche niederschlug, nahmen sie mir sofort ab. Zu meiner Biographie brauchten sie mich nicht zu befragen. Die war hinreichend bekannt. Sie verließen mich auch bald wieder, mit dem Hinweis, dass ich sie jederzeit anrufen könne, wenn mir etwas einfiele oder wenn ich der Meinung wäre ihre Hilfe zu brauchen.

OK dachte ich mir und spielte die folgenden Tage das von mir erwartete Programm ab. Zurückgezogen, die Wohnung nicht verlassend.

Drei Tageszeitungen wurden mir täglich ins Haus gebracht. In dem Abendblatt, sicherlich aufgrund des Tatorts, auf der ersten Seite:

„Unser Kanzler und geliebter Hendl-König endet wie unser Kini."

Die Südbayerische auf dem Titelblatt:

„Warum? War dieser Freitod nötig?"

Das Wirtschaftsblatt schließlich:

„Wie ein richtiger König!"

Alle drei Gazetten befanden, dass Huber Schaden vom deutschen Volk fernhalten wollte. Im Hinblick auf sein Ableben stocherte aber keine weiter in der Vergangenheit herum, sondern hob vielmehr seine politischen Leistungen hervor. Zum Schluss blieb einhellig die Frage. Wer kann diesen Mann ersetzen? Georg wäre stolz gewesen, vielmehr er war es sicherlich.

Im Bayern TV wurden am Abend aus einem Film Aus-
schnitte vom Ableben Ludwig des II. gezeigt und Paralle-
len zu Georgs vermeintlichem Freitod gezogen. Zuschau-
eranrufe wurden ins Studio live durchgeschaltet. Die
Meinungen reichten von – die besten Hendl, bis zu der
beste Regent seit Ludwig. Es wurde ein bewegender
Abend.

In den großen deutschen Fernsehsendern wurden in Son-
dersendungen die politischen Leistungen Hubers gewür-
digt. Auslandsjournalisten waren zugeschaltet, die darüber berichteten, wie Hubers Tod im Ausland aufge-
nommen wurde. Der Präsident der Vereinigten Staaten
Amerikas persönlich, war in den USA vor die laufenden
Kameras getreten und hatte seine tiefste Betroffenheit
über das Ableben seines Freundes zum Ausdruck gebracht.

Q

Das einzige was die vielen Suchtrupps in den nächsten
zwei Wochen von Huber im Starnberger See fanden war
seine Unterhose. Zweifelsfrei gehörte sie ihm, denn sie
trug neben seinen Initialien auch ein kleines eingesticktes
Hendl.

Lebenszeichen

Fast fünf Jahre später erhielt ich einen Brief aus Rio de Janeiro – ohne Absender. Er enthielt lediglich einen Zeitungsartikel. Sonst nichts. Dieser war natürlich in Portugiesisch abgefasst. Ich war neugierig was das wohl zu bedeuten hatte. Deshalb besorgte ich mir ein entsprechendes Wörterbuch und begann mühsam den Text zu übersetzen.
Schließlich und endlich glaubte ich mit einem Schmunzeln den Sinn des Artikels erfasst zu haben.

Die Überschrift lautete:

„Tolle Idee! 20 Steckerlfischstände an der Copa Cabana."

Ein Bild zeigte eine Bude in der Fische an Stöcken gebraten wurden und den strahlenden Inhaber. Dieser berichtete, dass er, vorher ein einfacher Griller in einem Restaurant in Rio, eines Abends von einem ihm fremden Gast, der häufig in Begleitung sehr hübscher Damen das Lokal besuchte, angesprochen wurde. Dieser schlug ihm die Sache mit den Fischen vor und finanzierte auch das Unternehmen. Der Besucher hatte diese Art Fische zu braten auf dem Oktoberfest in München gesehen. Nun war der einfache Mann der glücklichste Mensch der Welt. Gott war ihm wohlgesonnen. Das stand fest.
Bei den Behörden lägen inzwischen Anträge für 50 weitere Fischbuden. Sein Gönner und inzwischen Teilhaber würde ihn auch dabei unterstützen.

Das war es also! Ich schenkte mir ein Glas Jackie ein und prostete mit diesem, dem nicht anwesenden Georg, dem Hendlhuber zu.

Ende

Nachwort

Als ich dieses Buch 2012 fertiggestellt hatte, wollte es
kein Verlag haben. Deshalb habe ich die ersten Seiten
daraus in „Was ist schon eine Woche" veröffentlicht.
Dem Wunsch vieler Leser folgend nun im Januar 2014
das komplette Buch bei bod.de.
Wie man sieht hat sich an der Aktualität des Inhalts kaum
etwas geändert.

Anmerkung des Autors:
Alle im Text beschriebenen Personen, Namen, Organisationen und Handlungen sind frei erfunden. Ähnlichkeiten mit lebenden Menschen, Orten, Parteien und Gegebenheiten sind rein zufällig.

Vom gleichen Autor erschienen im bod-Verlag außerdem die folgenden Bücher:

„Eine himmlische Geschichte"
Ein bewegendes Kinderbuch, welches auch Erwachsene gerne lesen.
ISBN 978-3-8482-0988-0, € 7,90

„Was ist schon eine Woche"
Der harte Job eines Verlagslektors. Ironisch, amüsant und unterhaltsam.
ISBN 978-3-8482-1605-5, € 9,90

„Achtung Ferien!"
Abenteuer auf Gran Canaria. Ein spannender Krimi ohne Blutvergießen.
ISBN 978-8482-1398-6, € 14,90
Alle Titel sind auch als e-book erhältlich.

Herstellung und Verlag:
BoD - Books on Demand, Norderstedt
ISBN 978-3-7322-9489-3